Aristophanes · Die Frösche

Aristophanes
Die Frösche

Übersetzt und herausgegeben
von Niklas Holzberg

Philipp Reclam jun. Stuttgart

Originaltitel
BATPAXOI

RECLAMS UNIVERSAL-BIBLIOTHEK Nr. 18928
Alle Rechte vorbehalten
© 2011 Philipp Reclam jun. GmbH & Co. KG, Stuttgart
Gesamtherstellung: Reclam, Ditzingen. Printed in Germany 2011
RECLAM, UNIVERSAL-BIBLIOTHEK und
RECLAMS UNIVERSAL-BIBLIOTHEK sind eingetragene Marken
der Philipp Reclam jun. GmbH & Co. KG, Stuttgart
ISBN 978-3-15-018928-3

www.reclam.de

Die Frösche

Personen

XANTHIAS
DIONYSOS
HERAKLES
EIN TOTER
CHARON
FRÖSCHE
CHOR DER MYSTEN
AIAKOS
DIENERIN DER PERSEPHONE
SCHANKWIRTIN
PLATHANE
SKLAVE DES PLUTON
PLUTON
EURIPIDES
AISCHYLOS

Stumme Personen

Esel des Dionysos; Träger des Toten; zwei Sklavinnen der Wirtinnen; die skythischen Bogenschützen Ditylas, Skeblyas, Pardokas; Muse des Euripides; Persephone.

*Straße mit einem Haus im Hintergrund, bis zu V. 165 dem
des Herakles. Dionysos, der über einem langen safranfar-
benen Gewand ein Löwenfell und in der Hand eine Keule
trägt, sowie sein Sklave Xanthias, der, mit Gepäck beladen,
auf einem Esel reitet, treten auf.*

XANTHIAS. Soll ich etwas von dem üblichen Zeug sagen,
 Herr, worüber die Zuschauer immer lachen?[1]
DIONYSOS. Ja, beim Zeus, was immer du willst, nur nicht
 »Mich drückt's!« Davor hüte dich. Davon ist mir näm-
 lich schon ganz schlecht.
XANTHIAS. Auch nicht sonst was Witziges?
DIONYSOS. Alles außer »Wie es mich wund reibt!«
XANTHIAS. Was dann? Soll ich den allerbesten Witz machen?
DIONYSOS. Ja, beim Zeus, immer zu! Nur dass du mir den
 da nicht machst –
XANTHIAS. Welchen?
DIONYSOS. Den, bei dem du die Tragstange auf deine ande-
 re Schulter wirfst und sagst, dass du scheißen musst.
XANTHIAS. Kann ich auch nicht sagen, dass, wenn ich so eine Last trage [10] und niemand sie mir abnimmt, ich los-
 furzen muss?
DIONYSOS. Nein, ja nicht, ich flehe dich an – nur dann,
 wenn ich sowieso gleich kotzen muss.
XANTHIAS. Warum muss ich dann das Gepäck hier tragen,
 wenn ich nichts von dem tun darf, was Phrynichos[2] dauernd tun lässt? Auch Lykis und Ameipsias lassen jedesmal Gepäck tragen in ihren Komödien!
DIONYSOS. Nein, tu es nicht! Denn wenn ich als Zuschauer
 einen von diesen Gags sehe, bin ich um mehr als ein Jahr
 gealtert, wenn ich weggehe.
XANTHIAS. O dreimal unglückselig also mein Nacken hier,
 [20] weil er wund gerieben wird, aber den Witz nicht machen darf!
DIONYSOS. Also, ist das nicht der Gipfel und übler Sitten-
 verfall, wenn ich, wo ich doch Dionysos bin, Weinkrugs

Sohn[3], selbst zu Fuß gehe und mich abmühe, den da aber reiten lasse, damit er sich nicht anstrengen und eine Last tragen muss?

XANTHIAS. Trage ich denn keine?

DIONYSOS. Wie kannst du denn eine tragen, wo du doch reitest?

XANTHIAS. Indem ich die hier trage.

DIONYSOS. Auf welche Weise?

XANTHIAS. Sehr ungern!

DIONYSOS. Trägt nicht die Last da, die du trägst, der Esel?

XANTHIAS. Nein, nicht die, die ich hier habe und trage, wirklich nicht, beim Zeus.

DIONYSOS. Wie kannst du sie denn tragen, wo du doch selbst von einem anderen getragen wirst?

XANTHIAS. [30] Ich weiß es nicht. Aber meine Schulter hier drückt's.

DIONYSOS. Also gut, weil du sagst, dass der Esel dir nichts nützt, hebe du zur Abwechslung den Esel hoch und trage ihn!

XANTHIAS. O weh, ich Unglückseliger! Warum habe ich denn nicht mitgekämpft in der Seeschlacht?[4] Dann würde ich dir jetzt einfach sagen, du sollst verrecken!

DIONYSOS. Steig ab, du Schurke! Denn schon bin ich auf meinem Fußmarsch nahe an diese Tür gekommen, zu der ich mich als erstes wenden muss. *(Xanthias steigt von dem Esel herab, der die Bühne verlässt. Dionysos tritt vor das Haus und schlägt mit der Keule an die Tür.)* Sklavenjunge, Junge, sage ich, Junge!

HERAKLES *(von innen)*. Wer hat an die Tür gehauen? Ganz wie ein Kentaur[5] ist er dagegen gestürmt, wer auch immer – *(Er kommt heraus und blickt erstaunt auf das Kostüm des Dionysos.)* Sage mir, was soll denn das hier?

DIONYSOS *(zu Xanthias)*. [40] He, Junge!

XANTHIAS. Was ist?

DIONYSOS. Hast du es nicht bemerkt?

XANTHIAS. Was?

DIONYSOS. Wie heftig er es mit der Angst bekam vor mir.

XANTHIAS *(beiseite)*. Ja, beim Zeus – davor, dass du verrückt sein könntest!

HERAKLES. Nein, bei Demeter, ich kann nicht anders, ich muss lachen. Und ich beiße mir doch auf die Lippen, aber trotzdem muss ich lachen.

DIONYSOS *(zu Herakles)*. Mein Lieber, komm her! Denn ich muss dich um etwas bitten.

HERAKLES. Aber ich kann das Lachen nicht verscheuchen, wenn ich ein Löwenfell über ein Safrankleid[6] gelegt sehe. Was ist der Sinn dabei? Warum sind Damenstiefel und Keule zusammengekommen? Wohin hast du dich denn auf die Reise gemacht?

DIONYSOS. Ich war Matrose unter dem Befehl des Kleisthenes.[7]

HERAKLES. Und hast du zur See gekämpft?

DIONYSOS. Ja, und wir versenkten an Schiffen [50] der Feinde zwölf oder dreizehn.

HERAKLES. Ihr zwei?

DIONYSOS. Ja, bei Apollon.

XANTHIAS *(beiseite)*. »Und dann bin ich aufgewacht.«[8]

DIONYSOS. Ja, und als ich auf dem Schiff so für mich die *Andromeda*[9] las, traf plötzlich ein Verlangen mein Herz, was glaubst du, wie heftig?

HERAKLES. Ein Verlangen? Ein wie großes Verlangen?

DIONYSOS. Nur ein kleines, so klein wie Molon.[10]

HERAKLES. Nach einer Frau?

DIONYSOS. Nein.

HERAKLES. Aber nach einem Knaben?

DIONYSOS. Keineswegs.

HERAKLES. Aber nach einem Mann?

DIONYSOS. Aaaach!

HERAKLES. Hast du mit Kleisthenes geschlafen?

DIONYSOS. Mach dich nicht über mich lustig, Bruder[11]. Mir geht es wirklich schlecht. Ein solches Verlangen quält mich.

HERAKLES. [60] Was für eines, Brüderchen?

DIONYSOS. Ich kann es nicht erklären. Dennoch will ich es
dir wenigstens durch ein Gleichnis sagen. Hast du schon
einmal ganz plötzlich Lust auf Erbsenbrei gehabt?[12]

HERAKLES. Erbsenbrei? Mannomann! Tausendmal in meinem Leben!

DIONYSOS.
     »So lehr ich's deutlich?«[13]
     Oder soll ich es anders erklären?

HERAKLES. Nein, nicht bei Erbsenbrei. Ich verstehe sehr
gut.

DIONYSOS. Ein solches Verlangen also zerreißt mich nach
Euripides.

HERAKLES. Und das, obwohl er tot ist?

DIONYSOS. Ja, und keiner unter den Menschen wird mich
wohl dazu überreden, dass ich ihn nicht holen gehe.

HERAKLES. Etwa in den Hades hinab?

DIONYSOS. [70] Ja, beim Zeus, und weiter hinab, wenn es das
irgend gibt.

HERAKLES. In welcher Absicht?

DIONYSOS. Ich brauche einen tüchtigen Dichter.
     »Denn manche sind nicht mehr
               und die, die sind, sind schlecht.«[14]

HERAKLES. Was? Lebt nicht Iophon[15]?

DIONYSOS. Ja, der ist auch das einzige noch übrige gute
Stück, wenn er das wirklich ist. Ich weiß nämlich nicht
genau, wie es sich damit verhält.

HERAKLES. Willst du dann nicht Sophokles, der besser ist
als Euripides, heraufholen, wenn du schon jemanden
von dort holen musst?

DIONYSOS. Nein, nicht, bevor ich Iophon allein beiseite genommen und geprüft habe, was er ohne Sophokles zu-
stande bringt. [80] Und im übrigen würde Euripides, der
ein Schurke ist, auf jeden Fall versuchen, mit mir hierher
davonzulaufen. Der dagegen war hier zufrieden und
wird es dort sein.

HERAKLES. Und wo ist Agathon[16]?

DIONYSOS. Er hat mich verlassen und ist davongegangen, ein guter Dichter und ersehnt von den Freunden.[17]

HERAKLES. Wohin denn, der Arme?

DIONYSOS. Zu den Gelagen der – Seligen.[18]

HERAKLES. Und Xenokles[19]?

DIONYSOS. Verrecken soll er, beim Zeus!

HERAKLES. Und Pythangelos? *(Dionysos blickt nur verachtungsvoll.)*

XANTHIAS *(beiseite)*. Und über mich kein Wort, obwohl ich an der Schulter so heftig wundgerieben bin.

HERAKLES. Gibt es hier denn nicht andere Jüngelchen, [90] die Tragödien machen, mehr als zehntausend – und mehr als ein Stadion[20] geschwätziger als Euripides?

DIONYSOS. Schlechte Nachlese sind die und pures Gewäsch, Schwalbensingschulen[21], Kunstverderber, die, wenn sie auch nur *einen* Chor bekommen haben,[22] schnell wieder verschwunden sind, nachdem sie ein einziges Mal die Tragödie angepisst haben. Einen zeugungskräftigen Dichter aber wirst du wohl nicht mehr finden, wenn du ihn suchst, einen, der eine edle Formulierung ertönen lassen kann.

HERAKLES. Wie meinst du das, zeugungskräftig?

DIONYSOS. So zeugungskräftig, dass er von sich geben kann etwas derart Gewagtes wie [100] »den Äther, des Zeus Schlafgemach« oder »Fuß der Zeit« oder ein Herz, das nicht schwören will über heiligen Opfern, und eine Zunge, die unabhängig vom Herzen einen Meineid schwört.[23]

HERAKLES. Und dir gefällt das?

DIONYSOS. Nein, mehr als das: Ich bin verrückt danach!

HERAKLES. Das ist doch wirklich fauler Zauber, und das findest du doch auch!

DIONYSOS.
   »Bewohne du nicht meinen Sinn!«[24]
   Du hast ein eigenes Haus.

HERAKLES. Und doch ist es offensichtlich ganz einfach total übles Zeug!

DIONYSOS. Bring du mir das Schmausen bei![25]

XANTHIAS *(beiseite)*. Und über mich kein Wort!

DIONYSOS. Doch weswegen ich gekommen bin und dieses Kostüm trage, um dich nachzuahmen – nun, damit du mir, falls ich sie brauche, deine Freunde [110] nennst, deren Gastfreundschaft du damals in Anspruch nahmst, als du gingst, um den Kerberos zu holen.[26] Diese nenne mir und die Häfen, Bäckerläden, Bordelle, Rastplätze, Weggabelungen, Quellen, Straßen, Städte, Orte zum Übernachten, Gastwirtinnen, wo es die wenigsten Wanzen gibt.

XANTHIAS *(beiseite)*. Und über mich kein Wort!

HERAKLES *(zu Dionysos)*. Du verwegener Kerl, willst denn auch du es wagen, dorthin zu gehen?

DIONYSOS. Nichts mehr dazu, sondern nenne mir von den Wegen den, auf dem ich am schnellsten hinab zum Hades kommen kann. Und nenne mir weder einen zu heißen noch einen zu kalten!

HERAKLES. [120] Lass sehen, welchen von ihnen soll ich dir als ersten nennen? Welchen? Nun, da gibt es einen von Strick und Fußschemel aus, wenn du dich aufhängst.

DIONYSOS. Hör auf, der ist zum Ersticken heiß!

HERAKLES. Dann gibt es eine Abkürzung, einen zerstampften Weg, den durch einen Mörser.

DIONYSOS. Meinst du Schierling?

HERAKLES. Ganz genau.

DIONYSOS. Ein kalter und winterlicher Weg! Sofort nämlich friert er die Schienbeine ein.[27]

HERAKLES. Willst du, dass ich dir einen schnellen und abschüssigen nenne?

DIONYSOS. Ja, beim Zeus, weil ich so recht kein Fußgänger bin.

HERAKLES. Schlendere also hinab zum Kerameikos[28]!

DIONYSOS. Und was dann?

HERAKLES. [130] Steig hinauf auf den hohen Turm und –

DIONYSOS. Was tu ich da?

HERAKLES. Schau von dort aus auf den Start des Fackellaufes[29], und dann, wenn die Zuschauer rufen: »Ab mit ihnen!«, dann auch ab mit dir!

DIONYSOS. Wohin?

HERAKLES. Nach unten!

DIONYSOS. Aber dann würde ich zwei Portionen Gehirn verlieren. Diesen Weg werde ich wohl nicht gehen.

HERAKLES. Welchen dann?

DIONYSOS. Den, auf dem *du* damals hinabgegangen bist.

HERAKLES. Aber das ist eine lange Reise! Gleich wirst du zu einem großen, ganz und gar unergründlichen See kommen.

DIONYSOS. Und dann – wie werde ich hinüberkommen?

HERAKLES. In einem Kahn, der *so* klein ist *(drückt zwei Finger zusammen)*, wird ein alter [140] Schiffer[30] dich für einen Lohn von zwei Obolen hinüberbringen.

DIONYSOS. Oh, welch große Macht überall die zwei Obolen haben![31] Wie sind sie denn auch dorthin gekommen?

HERAKLES. Theseus brachte sie hin.[32] Danach wirst du Schlangen und Untiere sehen, unzählige, ganz furchtbare!

DIONYSOS. Versuch nicht, mich zu erschrecken und mir Angst zu machen! Du wirst mich nicht davon abbringen.

HERAKLES. Dann viel Schlamm und immerfließenden Kot. Und darin liegt jeder, der jemals einem Gast etwas Unrechtes antat oder einem Knaben, während er ihn bumste, heimlich das Geld wegnahm[33] oder die eigene Mutter verprügelte oder seinem Vater einen Kinnhaken [150] verpasste oder einen Meineid schwor oder sich eine Rede des Morsimos[34] abschreiben ließ.

DIONYSOS. Bei den Göttern, und zu ihnen müsste jeder, der den Waffentanz des Kinesias[35] gelernt hat!

HERAKLES. Danach werden Flötentöne dich umwehen, und

sehen wirst du ein herrliches Licht, so wie hier, und Myr-
tenhaine und selige Scharen von Männern und Frauen
und viel Händeklatschen.

DIONYSOS. Und wer sind die?

HERAKLES. Die in die Mysterien[36] Eingeweihten –

XANTHIAS *(beiseite).* Beim Zeus, *ich* jedenfalls feiere hier
als der Esel die Mysterien.[37] [160] Aber ich werde das
hier nicht länger ertragen. *(Beginnt, das Gepäck abzu-
legen.)*

HERAKLES. – die dir alles zusammen sagen werden, was du
wissen musst. Denn die wohnen sehr nahe, direkt am
Weg bei der Palasttür Plutons.[38] Und nun lebe wohl,
mein Bruder!

DIONYSOS. Beim Zeus, auch du bleibe gesund! *(Herakles
geht ins Haus; Dionysos wendet sich Xanthias zu.)* Du
aber nimm wieder das Gepäck!

XANTHIAS. Bevor ich es niedergelegt habe?

DIONYSOS. Ja, und zwar schleunigst!

XANTHIAS. Nicht doch, ich flehe dich an! Miete stattdessen
von denen, die zu Grabe getragen werden, irgendeinen,
der in dieselbe Richtung geht.

DIONYSOS. Wenn ich aber keinen finde?

XANTHIAS. Dann nimm mich.

DIONYSOS. Ja, gut! *(Ein Leichenzug mit einem Toten auf
einer Bahre nähert sich.)* [170] Und schon tragen sie einen
Toten, den da, zu Grabe. *(Zu diesem.)* He du, ja, dich
meine ich, dich, den Toten! Mensch, hast du Lust, ein
bisschen Gepäck zum Hades zu tragen?

TOTER. Wie viel ungefähr?

DIONYSOS. Das hier.

TOTER. Wirst du mir zwei Drachmen Lohn bezahlen?[39]

DIONYSOS. Nein, beim Zeus, weniger.

TOTER *(zu den Trägern der Bahre).* Macht, dass ihr weiter-
kommt!

DIONYSOS. Warte, mein Lieber, ob ich mich irgendwie mit
dir einigen kann.

TOTER. Wenn du nicht zwei Drachmen zahlst, haben wir uns nichts zu sagen.

DIONYSOS. Nimm neun Obolen![40]

TOTER. Da möchte ich doch gleich wieder leben! *(Wird weggetragen.)*

DIONYSOS. Wie eingebildet der verdammte Kerl ist!

XANTHIAS. Der soll doch verrecken! Ich werde gehen. *(Nimmt das Gepäck auf.)*.

DIONYSOS. Brav bist du und edel. [180]. Lass uns gehen, den Kahn zu suchen.

CHARON *(erscheint rudernd auf seinem Kahn; bei sich).* Stopp! Lege an!

DIONYSOS. Was ist denn das?

XANTHIAS. Das? Ein See.

DIONYSOS. Beim Zeus, das ist derselbe, von dem er sprach, und ich sehe auch einen Kahn.

XANTHIAS. Ja, beim Poseidon, und der da ist Charon.

DIONYSOS. Hallo, Charon!

XANTHIAS. Hallo, Charon!

BEIDE. Hallo, Charon!

CHARON. Wer will zu den Stätten der Ruhe von Leiden und Problemen? Wer zum Gefilde des Vergessens oder zu Oknos' Seilerei[41] oder zu den Kerberussen oder zum Geier oder zum Tainaron[42]?

DIONYSOS. Ich.

CHARON. Steig schnell ein!

DIONYSOS. Wo gedenkst du hinzulenken?

CHARON. Zum Geier![43]

DIONYSOS. Wirklich?

CHARON. Ja, beim Zeus, weil du es bist. [190] Steig jetzt ein!

DIONYSOS *(zu Xanthias).* Junge, her zu mir!

CHARON. Einen Sklaven fahre ich nicht, es sei denn, er hat in der Seeschlacht mitgekämpft, in der es um Leben oder Tod ging.[44]

XANTHIAS. Nein, beim Zeus, das habe ich nicht, sondern hatte gerade etwas an den Augen.

CHARON. Also wirst du jetzt im Eilschritt um den See her-
umlaufen!

XANTHIAS. Wo soll ich denn warten?

CHARON. Beim Stein der Abzehrung, neben den Rastplät-
zen.

DIONYSOS *(zu Xanthias)*. Hast du verstanden?

XANTHIAS. Ja, genau verstanden. Weh mir Unglückseligem,
was ist mir nur über den Weg gelaufen, als ich aus dem
Haus ging?
(Geht ab; Dionysos steigt in den Kahn.)

CHARON *(zu Dionysos)*. Setz dich ans Ruder! Wenn jemand
noch mitfahren will, soll er sich beeilen. He du, was
machst du da?

DIONYSOS. Was ich da mache? Nichts anderes, als dass ich
an dem Ruder[45] sitze, dort, wo du mir befohlen hast.

CHARON *(zeigt auf eine Ruderbank)*. [200] Los, setz dich
jetzt hierher, Fettwanst![46]

DIONYSOS *(setzt sich auf eine Ruderbank)*. Jawohl!

CHARON. Los, zieh die Arme vor und strecke sie!

DIONYSOS *(streckt die Arme nach vorne)*. Jawohl!

CHARON. Wirst du wohl nicht dauernd Quatsch machen,
sondern deine Füße gegen das Brett stemmen und eifrig
rudern?

DIONYSOS. Und wie soll ich dann, unerfahren, meerunkun-
dig, unsalaminisch[47], wie ich bin, imstande sein zu rudern?

CHARON. Sehr leicht. Du wirst nämlich die schönsten Lieder hören, wenn du einmal die Ruder ins Wasser geschlagen hast.

DIONYSOS. Von wem?

CHARON. Von den Froschschwänen, wunderbare.

DIONYSOS. Also gib das Kommando!

CHARON. Hauruck, hauruck!

FRÖSCHE *(unsichtbar)*.[48]

Brekekekex koax koax,
brekekekex koax koax!

Im Sumpf des Quells Kinder ihr,
harmonisch soll tönen uns
der Klang des Lieds, unser Gesang,
der schöne, koax, koax,
den von dem nysäischen[49]
Dionysos, Sohn des Zeus,
in Limnai[50] wir sangen stets
dann, wenn im Schwarm und betrunken
während der heiligen Chytren[51]
meinen geweihten Bezirk das Volk durchzieht.
Brekekekex koax koax!   220

DIONYSOS.
Es fängt schon an, mir wehzutun
an meinem Arsch, koax, koax!

FRÖSCHE.
Brekekekex koax koax!

DIONYSOS.
Doch euch ist das vermutlich gleich.

FRÖSCHE.
Brekekekex koax koax!

DIONYSOS.
Krepiert, und mit euch das Koax!
Denn ihr seid nichts als nur Koax.

FRÖSCHE.
Dies mit Recht, du Wichtigtuer!
Denn mir sind, lyrakundig, hold die Musen
und der Bocksfuß Pan, der
              Lieder auf dem Rohr[52] bläst,   230
auch Apoll, der Lyraspieler, freut an uns sich,
weil ich ihm das Rohr für seine
Lyra pflanz im feuchten Sumpf.
Brekekekex koax koax!

DIONYSOS.
Ich habe Blasen an der Hand,
und feucht ist mir das Arschloch längst,
und drum stülpt's gleich sich vor und sagt –

FRÖSCHE.
>> Brekekekex koax koax!

DIONYSOS.
>> Du Volk, das gern Lieder singt,
>> hört auf!

FRÖSCHE.
>> Wir woll'n lauter noch
>> tönen, wenn denn jemals an
>> sonnenheißen Tagen wir durchs
>> Zyperngras gesprungen sind und
>> durch das Schilf und, oftmals tauchend,
>> am Gesange uns erfreuten
>> oder wenn wir, vor Zeus' Regen
>> fliehend, tief im Wasser sangen
>> einen munt'ren Chorgesang zum
>> Wasserblasenblubberlaut.[53]

FRÖSCHE und DIONYSOS.
>> Brekekekex koax koax!

DIONYSOS.
>> Dies übernehm ich nun von euch!

FRÖSCHE.
>> Übel wird es uns ergehen!

DIONYSOS *(beiseite)*.
>> Übler mir, wenn ich beim Rudern
>> auseinanderplatzen muss.

FRÖSCHE und DIONYSOS.
>> Brekekekex koax koax!

DIONYSOS.
>> Verreckt doch! Mir ist das egal.

FRÖSCHE.
>> Also gut, dann werden wir jetzt
>> schreien, wie es unsre Kehle
>> leisten kann, den ganzen Tag.

FRÖSCHE und DIONYSOS.
>> Brekekekex koax koax!

DIONYSOS.

Damit besiegt ihr *mich* doch nicht!

FRÖSCHE.

Du uns aber auch mitnichten.

DIONYSOS.

Aber ihr auch niemals mich.
Denn ich schreie, wenn es sein muss,
auch den ganzen Tag lang, bis ich über euch noch
siegen werd mit dem Koax.
Brekekekex koax koax!
(Die Frösche antworten nicht mehr, haben also aufge-
geben.)
Ich wusste, dass ich euch irgendwann dazu bringen wür-
de, mit dem Koax aufzuhören.
(Der Kahn hat das andere Ufer des Sees erreicht.)

CHARON. O hör auf, hör auf! Leg an mit dem Ruder! [270]
Steig aus! Bezahl das Fährgeld!

DIONYSOS *(steigt aus und gibt Charon das Geld)*. Hier,
nimm die zwei Obolen. *(Charon mit dem Kahn ab.)*
Xanthias! Wo ist Xanthias? He, Xanthias!

XANTHIAS *(unsichtbar)*. Ahoi!

DIONYSOS. Komm hierher!

XANTHIAS *(betritt wieder die Spielfläche)*. Hallo, Herr!

DIONYSOS. Was gibt es auf dem Weg hierher?

XANTHIAS. Dunkelheit und Schlamm.

DIONYSOS. Hast du nun vielleicht hier die Vaterverprügler
und die Meineidigen gesehen, von denen er uns erzählt
hat?

XANTHIAS. Du etwa nicht?

DIONYSOS. Doch, beim Poseidon, habe ich, und *(zeigt ins*
Publikum) ich sehe sie jetzt noch. Also, was sollen wir
machen?

XANTHIAS. Am besten für uns ist es weiterzugehen, weil
dies der Ort ist, wo, wie er sagte, die schrecklichen Untiere sind.

DIONYSOS. Wie er das bereuen wird! [280] Er hat nur groß
    dahergeredet, damit ich Angst bekäme, weil er wusste,
    dass ich ein Kämpfer bin, und aus eifersüchtigem Ehr-
    geiz. Denn es gibt nichts so Eingebildetes wie Herakles!
    Ich jedenfalls würde sogar darum beten, dass ich einem
    von ihnen begegne und so zu einer Trophäe komme, die
    dieser Reise würdig ist.

XANTHIAS. Ja, beim Zeus. Und ich höre wahrhaftig schon
    ein Getöse.

DIONYSOS *(in Panik)*. Wo, wo ist das?

XANTHIAS. Hinter dir.

DIONYSOS. Dann geh hinter mir!

XANTHIAS. Nein, es ist vorne.

DIONYSOS. Dann geh vor mir!

XANTHIAS. Und wahrhaftig, beim Zeus, jetzt sehe ich ein
    großes Untier.

DIONYSOS. Was für eines?

XANTHIAS. Ein schreckliches. Und es nimmt alle möglichen
    Gestalten an: [290] Bald ist es ein Rind, bald ein Maultier,
    und jetzt ist es wieder eine wunderschöne Frau.

DIONYSOS. Wo ist sie? Los, ich will ihr nachsteigen.

XANTHIAS. Aber jetzt ist sie schon wieder keine Frau mehr,
    sondern bereits eine Hündin.

DIONYSOS. Also ist sie die Empusa.[54]

XANTHIAS. Jedenfalls glüht ihr ganzes Gesicht von Feuer.

DIONYSOS. Und hat sie ein ehernes Bein?

XANTHIAS. Ja, beim Poseidon, und das andere, wisse wohl,
    ist aus Kuhmist.

DIONYSOS. Wohin könnte ich nur fliehen?
    *(Läuft über die Spielfläche zur ersten Reihe der Zu-
    schauersitze, wo der Dionysospriester auf einem Ehren-
    platz thront.)*

XANTHIAS. Und wohin ich?

DIONYSOS *(fällt vor dem Priester auf die Knie)*. Priester,
    beschütze mich, damit ich an deinem Trinkgelage teil-
    nehmen kann.[55]

XANTHIAS. Wir werden sterben, mein Herr Herakles!

DIONYSOS *(denkt, dass er gemeint sei)*. Ich flehe dich an, Mensch, rufe mich nicht und sage nicht meinen Namen!

XANTHIAS. [300] Dionysos also.

DIONYSOS. Der ist noch schlechter als der andere.

XANTHIAS *(zu der Erscheinung)*. Geh deines Weges! *(Zu Dionysos.)* Hierher, hierher, Herr!

DIONYSOS. Was ist denn?

XANTHIAS. Fasse Mut! Es ist alles in Ordnung mit uns, und wir können wie Hegelochos sagen:

» Nach Sturmes Toben
                weht nun läus' herab die Luft.«[56]

Die Empusa ist fort.

DIONYSOS. Schwöre es!

XANTHIAS. Beim Zeus!

DIONYSOS. Schwöre es nochmals!

XANTHIAS. Beim Zeus!

DIONYSOS. Schwöre!

XANTHIAS. Beim Zeus!

DIONYSOS. Weh mir Unglücklichem, wie bleich wurde ich, als ich sie sah!

XANTHIAS *(zeigt auf das untere Ende von Dionysos' Gewand)*. Und das da war so in Angst um dich, dass es braun wurde!

DIONYSOS. Weh mir, woher sind diese Übel über mich gekommen? [310] Welchem der Götter soll ich die Schuld an meinem Untergang zuschreiben? Dem Äther, des Zeus Schlafgemach? Oder dem Fuß der Zeit?[57]

XANTHIAS. He du!

DIONYSOS. Was ist denn?

XANTHIAS. Hast du das nicht gehört?

DIONYSOS. Was?

XANTHIAS. Flötentöne.

DIONYSOS. Ja, doch, und ein sehr mystisches Wehen von Fackeln hat mich angeblasen. Wir wollen uns ducken und leise zuhören. *(Treten an den Rand der Spielfläche.)*

CHOR *(noch unsichtbar).*
> Iakchos[58], o Iakchos!
> Iakchos, o Iakchos!

XANTHIAS. Das ist es, Herr: Die Eingeweihten tanzen und
singen hier irgendwo, die, von denen er zu uns beiden
sprach. [320] Sie besingen jedenfalls den Iakchos, den Diagoras[59] besang.

DIONYSOS. Auch mir scheint es so. Sich still zu verhalten
ist also das Beste, damit wir es sicher wissen.

(Der Chor der Eingeweihten betritt die Spielfläche.)

CHOR.[60]
> Iakchos, vielgeehrter, der du im Hause hier wohnst,
> Iakchos, o Iakchos,
> komm auf diese Wiese zum Tanzen
> zu dem frommen Festschwarm,
> schüttle an deinem Haupte
> den früchtereichen, schwellenden
> Myrtenkranz und stampfe mit entschloss'nem   330
> Fuß bei der ungezügelten,
> spielfreudigen Ehrerweisung,
> die sehr großen Anteil hat an der Chariten[61] Gaben,
>   beim heiligen Tanz
> unter frommen Geweihten.

XANTHIAS. Hehre, vielgeehrte Tochter der Demeter[62], wie
lieblich hat mich angeweht ein Duft von Schweinefleisch![63]

DIONYSOS. Also halte dich still, dann kriegst du vielleicht
auch eine Wurst.

CHOR.
> Brennende Fackeln schwingend in deinen
>   Händen, bist du gekommen,   340
> Iakchos, o Iakchos,
> lichtbringender Stern der nächtlichen Feier!
> Von den Flammen erstrahlt die Wiese;
> Knie von Greisen springen im Tanze:
> Sie schütteln ab ihre Sorgen
> und die langen Zeiten früherer Jahre

durch die heilige Ehrerweisung.
Du aber, leuchtend mit deiner Fackel,   350
vorausgehend führe
            auf den blumigen, sumpfigen Grund,
o Seliger du, die tanzende Jugend.

CHORFÜHRER.[64]

Andächtig schweigen und ferne soll
            sich halten von unseren Tänzen
ein jeder, der solche Worte nicht kennt,
            und wer in Gedanken nicht rein ist
und die Feiern der edlen Musen noch nicht
            geschaut hat noch teilnahm am Tanze,
nicht geweiht ist fürs mystische Bakchos-Wort
            des Kratinos, des Stierevertilgers[65],
und wer sich freut, wenn ein alberner Spaß
            zur Unzeit gemacht wird von Leuten,
wer innere Zwietracht nicht schlichtet[66] und ist
            im Umgang mit Bürgern nicht friedlich,
nein, Zwist erregt und das Feuer entfacht,
            auf den eigenen Vorteil begierig,   360
wer als Archont[67], wenn die Polis im Sturm
            hin und her bewegt wird, korrupt ist,
und wer einen Stützpunkt, ein Schiff verrät,
            wer verbotenes Gut aus Ägina
exportiert wie Thorykion, der elende Kerl,
            der Fünf-Prozent[68]-Steuereintreiber,
und lederne Ruderpolster und Flachs
            und Pech[69] schickt nach Epidauros,
wer jemanden überredet, dass der
            Geld zahlt der Flotte der Feinde,
wer, von kyklischen Chören[70] begleitet, singt
            und die Opfer für Hekate[71] vollscheißt,
wer ein Politiker ist und den Lohn,
            der den Dichtern gegeben wird,[72] abnagt,
weil am traditionellen Dionysosfest
            man im komischen Spiel ihn verhöhnte.[73]

All die sprech ich an, und ich untersag
      es ein zweites und drittes Mal wieder,
sich den Tänzen der Eingeweihten zu nahn;
      doch ihr *(zum Chor)* erweckt die Gesänge
und beginnt unsre nächtlichen Riten, die
      sich ziemen für diese Feier.   371

CHOR.[74]

Jetzt schreite jeder mannhaft
zu blumenreicher Wiesen
Gründen und stampfe auf
und scherz dazu
und treibe Spott und spiele;
gefrühstückt habt ihr reichlich nun.

Doch geh, auf dass du edel
die Retterin[75] verherrlichst,
im Lied mit deinem Mund,
sie, die verheißt,   380
das Land stets zu bewahren,
auch wenn Thorykion dies nicht will.

CHORFÜHRER.

Wohlan, mit Liedern in anderer Form
      die früchtespendende Herrin
Demeter, die Göttin, ehrend, preist
      in heiligen Melodien!

CHOR.[76]

Demeter, unsrer heiligen
geheimen Riten Herrin, hilf
und nimm in Obhut deinen Chor!
Lass ungestört den ganzen Tag
mich spielen und auch tanzen.

Lass manches Witzige mich auch
und manches Ernste sagen, lass,   390
wenn ich gespielt hab und geneckt,
wie's deinem Fest gebührt, mich auch
zum Sieg mein Haupt bekränzen.

CHORFÜHRER.
>Wohlan nun, he!
>Ruft den jugendlichen Gott
>>her mit euren Liedern,
>damit er zu dem Pilgertanz[77]
>>sich mit uns vereine.

CHOR.[78]
>O Iakchos, Vielgeehrter, der erfand
>das schönste Festlied, komm, begleite uns
>zur Göttin hin   400
>und zeig uns, wie du mühelos
>den langen Weg vollendest.
>O Iakchos, Freund der Tänze, führe mich!

>Denn weil es lustig und auch billig war,
>hast du zerrissen dies Sandälchen und
>die Lumpen hier,
>und du erfandst, wie ungestraft
>wir spiel'n und tanzen können.
>O Iakchos, Freund der Tänze, führe mich!

>Verstohl'nen Blickes sah ich grad mir an
>ein Mädchen, hübsch dazu; sie war   410
>Mittänzerin,
>und weil ein Riss war im Gewand,
>sah draus hervor ein Tittchen!
>O Iakchos, Freund der Tänze, führe mich!

DIONYSOS.
>Ich hab doch irgendwie ganz gern
>Begleitung, und mit der hier
>möchte ich ein Spiel und einen Tanz!

XANTHIAS.   Ich ebenso.

CHOR.
>Wollt ihr mit uns zusammen
>verspotten Archedemos:
>Mit sieben hatte er die Gildenzähn' noch nicht.[79]

Jetzt ist ein Demagoge
er bei den ob'ren Toten[80];   420
bei Schurkereien ist er dort die Nummer eins.

Von Kleisthenes vernehm ich:
Sein Arschloch, auf dem Friedhof,
das rupfte seine Backen und zerkratzte sie.[81]

Er, vorgebeugt, kasteit' sich
und jammerte und brüllte
nach Fickdich aus Steifhausen, wer's auch immer ist.

Und Kallias, so sagt man,
der Sohn des Hippophickos,[82]
der rammte eine Fotze mal im Löwenfell –   430

DIONYSOS.
Könnt ihr vielleicht uns sagen,
wo Pluton hier daheim ist?
Denn wir sind beide Fremde, eben angelangt.

CHORFÜHRER.
Du brauchst nicht weit zu gehen
und mich nicht mehr zu fragen:
Bei seiner Tür, so wisse, bist du angelangt.

DIONYSOS *(zeigt auf das Gepäck).*
Lad's wieder auf, mein Junge!

XANTHIAS.
Was ist das hier? Nichts andres
als ewig das Gepäck mit den Wanzosen drin.[83]

CHORFÜHRER.
Zieht zum Bezirk   440
der Göttin nun, dem heiligen,
          um im Blumenhaine
zu scherzen, die ihr an dem Fest
          teilnehmt, das sie gern hat.
Ich werde mit den Mädchen hier
          und den Frauen gehen

zum Nachtfest für die Göttin, trag
    dann das heil'ge Feuer.
(Die Männer und Frauen gehen singend zu entgegen-
gesetzten Seiten der Spielfläche.)

CHOR.[84]

Zu Blumenwiesen lasst uns ziehn
mit ihren vielen Rosen
und scherzen auf unsre Art   450
beim herrlichsten Reigentanz;
bei dem uns die Moiren[85] hier
die sel'gen, vereinen.

Die Sonne scheint allein für uns
und ihre heil'ge Flamme,
die wir die Geweihten sind
und rechtschaffen waren stets
im Umgang mit fremdem Volk
und einfachen Leuten.

DIONYSOS *(tritt vor das Bühnenhaus, das jetzt den Palast*
Plutons darstellt). [460] Also denn, auf welche Weise soll
ich an die Tür klopfen? Auf welche? Wie klopfen hier
wohl die Einheimischen?

XANTHIAS. Verliere keine Zeit, sondern geh die Tür in der
Art des Herakles und mit seinem Mut an!

DIONYSOS *(schlägt mit der Keule an die Tür).* Junge, Junge!

AIAKOS[86] *(von innen).* Wer ist es?

DIONYSOS. Herakles, der starke Held.

AIAKOS *(stürmt hervor).* Du Schändlicher und Schamloser
und Frecher du und Verruchter und ganz Verruchter
und Verruchtester, der du unseren Hund aufgescheucht
hast, den Kerberos, und ihn gewürgt hast und ihn weg-
geschleppt und auf und davon gelaufen bist mit ihm, [469]
für den ich die Verantwortung trug! Doch jetzt sitzt du
in der Falle –[87]

So ist des Styx[88] schwarzherz'ger Felsen, und so ist
der blutbetropfte acheront'sche Stein[89], die dich

bewachen, des Kokytos[90] flinke Hundeschar
und, hundertköpfig, die Echidna[91]; sie zerfleischt
dir das Gedärm, und die Muräne, die von Tartessos[92],
packt deine Lunge, auseinanderreißen dir
die blut'gen Nieren samt den ganzen Innerei'n
tithrasische Gorgonen[93], die zu holen ich
den hurt'gen Fuß jetzt in Bewegung setzen will.
(Geht wieder ins Bühnenhaus. Dionysos ist vor
Schreck umgefallen.)

XANTHIAS. He du, was hast denn du da gemacht?

DIONYSOS. Ich habe mich vollgeschissen. Rufe einen Gott
an![94]

XANTHIAS. [480] Du lächerlicher Kerl, steh schnell auf, bevor
dich jemand anders sieht!

DIONYSOS. Aber ich spüre, dass ich in Ohnmacht fallen
könnte. Gib mir einen Schwamm für mein Herz![95]

XANTHIAS *(gibt ihm einen)*. Da, nimm, leg ihn dir auf! *(Di-*
onysos hält den Schwamm an seinen Hintern.) Wo ist er?
Ihr goldenen Götter! Hast du *da* dein Herz?

DIONYSOS. Ja, es bekam Angst und kroch in den unteren
Darm.

XANTHIAS. O du feigster der Götter und Menschen!

DIONYSOS. Ich? Wieso feige, wo ich dich doch um einen
Schwamm gebeten habe? Das hätte kein anderer Mann
getan.

XANTHIAS. Sondern was?

DIONYSOS. Dagelegen hätte er und seinen eigenen Gestank
gerochen, wenn er wirklich feige wäre. [490] Ich aber
stand auf und wischte mich noch dazu ab.

XANTHIAS. Ja, mannhaft, beim Poseidon!

DIONYSOS. Das will ich meinen, beim Zeus. Hast du keine
Angst bekommen vor dem Lärm der Worte und den
Drohungen?

XANTHIAS. Nein, beim Zeus, ich habe nicht einmal daran
gedacht.

DIONYSOS. Also los, weil du ja willensstark und mannhaft

bist, werde *du* doch *ich*, indem du die Keule hier nimmst und das Löwenfell, wenn du wirklich furchtlosen Herzens bist. Und ich werde zur Abwechslung dein Lastenträger sein.

XANTHIAS. Also, schnell her damit! Da gibt es nichts außer Gehorchen. Und schau auf den Herakleioxanthias, [500] ob ich feige sein werde und einen Mut wie deinen habe. *(Nimmt Löwenfell und Keule.)*

DIONYSOS. Nein, beim Zeus, sondern du bist sicherlich der Schurke aus Melite.[96] Also los, ich will das Gepäck hier aufnehmen.
(Tut es. Eine Dienerin der Persephone kommt aus dem Bühnenhaus.)

DIENERIN. Liebster Herakles, bist du wirklich gekommen? Komm hier herein! Denn die Göttin hat, als sie erfuhr, dass du gekommen bist, sofort Brotlaibe gebacken, zwei oder drei Töpfe Brei aus zerschroteten Erbsen gekocht, einen ganzen Ochsen auf Kohlen gebraten, Kuchen und Weizenbrote gebacken. Also komm herein!

XANTHIAS. Sehr schön, aber nein danke.

DIENERIN. Nein, beim Apollon, ich werde nicht zuschauen, wie du weggehst, weil sie ja auch Geflügelfleisch [510] gesiedet und Knabberzeug geröstet und einen sehr süßen Wein gemischt hat. Also komm mit mir herein.

XANTHIAS. Wirklich, nein danke!

DIENERIN. Du redest nur Blödsinn. Ich werde dich nicht gehen lassen. Denn es ist auch eine wunderschöne Flötenspielerin für dich drinnen und außerdem zwei oder drei Tänzerinnen –

XANTHIAS. Was sagst du da? Tänzerinnen?

DIENERIN. Ganz junge und unten frisch Gezupfte[97]. Also geh hinein, da der Koch schon dabei war, die Salzfische vom Feuer zu nehmen und der Tisch schon hereingebracht worden ist.

XANTHIAS. Geh also, sage als erstes den Tänzerinnen [520] da drinnen, dass ich persönlich hineinkomme. *(Zu Diony-*

sos.) Junge, hierher, folge mir mit dem Gepäck! *(Will ins Bühnenhaus gehen.)*

DIONYSOS. Halt, du! Du nimmst es doch wohl nicht ernst, dass ich dich zum Spaß als Herakles verkleidet habe? Willst du wohl aufhören mit dem Unsinn, Xanthias, und das Gepäck wieder aufnehmen und tragen?

XANTHIAS. Was soll *das* denn? Du hast doch wohl nicht vor, mir wegzunehmen, was du mir selbst gegeben hast?

DIONYSOS. Oh doch! Und ich mach das nicht bald, sondern jetzt. Lege das Löwenfell ab!

XANTHIAS. Dafür ruf ich alle zu Zeugen an, und die Götter sollen meine Richter sein!

DIONYSOS. Welche Götter? [530] Und wie dumm und sinnlos von dir, zu glauben, dass du als Sklave und Sterblicher der Sohn der Alkmene sein könntest!

XANTHIAS. Na gut, vergiss es! *(Gibt ihm Löwenfell und Keule.)* Nimm sie. Vielleicht wirst du mich irgendwann mal wieder brauchen, wenn ein Gott es will.

CHOR.[98]

> Das ist einem Mann gemäß, der
> klug ist und Verstand besitzt und
> viel herumgefahren ist,
> immer nach der sich'ren Seite
> seines Schiffs sich zu bewegen,
> statt wie ein gemaltes Bild
> dazustehen nur in einer
> Pose. Auf die weich're Seite
> sich zu rollen auf dem Bett,
> heißt, ein schlauer Mann sein, von der   540
> Art her ein Theramenes[99].

DIONYSOS.

> Das wär doch zu lächerlich, wenn
> Xanthias, der Sklave ist, auf
> einer Decke aus Milet
> liegend eine Tänz'rin küsste
> und den Nachttopf dann verlangte,

ich jedoch müsst zuschaun nur
und dabei den Schwanz mir wichsen.
Er jedoch, auch selbst ein Schurke,
säh es, schlüg aufs Maul mich und
haute mir die Vordermänner
meines Chors[100] dabei heraus!
(Eine Schankwirtin erscheint von der Seite her zusammen mit ihrer Sklavin auf der Spielfläche.)

WIRTIN. Plathane, Plathane, komm hierher! *(Eine andere Schankwirtin erscheint mit ihrer Sklavin.)* Der da ist der Mistkerl, [550] der damals in unser Wirtshaus kam und sechzehn von unseren Brotlaiben auffraß –

PLATHANE. Ja, beim Zeus, genau das ist der Mann.

XANTHIAS *(beiseite)*. Jemanden hat etwas Schlimmes ereilt.

WIRTIN. Und obendrein noch zwanzig Portionen gesottenes Fleisch für je einen halben Obolos –

XANTHIAS *(beiseite)*. Jemand wird das büßen müssen.

WIRTIN. Und den vielen Knoblauch!

DIONYSOS. Du faselst, gute Frau, und weißt nicht, was du da sagst.

WIRTIN. Du hast also nicht erwartet, ich würde dich wiedererkennen, weil du Damenstiefel trägst. Ach ja, den vielen Salzfisch habe ich noch gar nicht erwähnt.

PLATHANE. Genau, beim Zeus, meine Liebe, und auch nicht den frischen Käse, [560] den er mitsamt den Körben verschlungen hat.

WIRTIN. Und dann, als ich das Geld haben wollte, sah er mich grimmig an und fing an zu brüllen –

XANTHIAS. Ja, das sieht ganz nach ihm aus! Das ist überall seine Art.

WIRTIN. Und sein Schwert hat er gezogen – es sah so aus, als wäre er verrückt geworden.

PLATHANE. Ja, beim Zeus, du Arme!

WIRTIN. Wir beide bekamen es jedenfalls irgendwie mit der Angst zu tun und sind geradewegs zum Obergeschoss hinaufgesprungen. Der aber machte sich eilends davon und nahm auch noch die Binsenmatten mit.

XANTHIAS. Auch das sieht ganz nach ihm aus.

WIRTIN. Aber wir sollten hier etwas tun. *(Zu der Sklavin.)* Geh und rufe mir meinen Anwalt Kleon[101]!

PLATHANE *(zu ihrer Sklavin).* [570] Und du mir, wenn du ihn triffst, den Hyperbolos, damit wir ihn fertigmachen.

WIRTIN. Du verruchter Schlund, wie gerne würde ich dir mit einem Stein auf die Backenzähne hauen, mit denen du mir die Vorräte aufgefressen hast!

PLATHANE. Und ich würde dich gerne in das Barathron[102] werfen!

WIRTIN. Und ich würde dir gerne mit einer Sichel die Kehle herausschneiden, mit der du die Würste hinuntergestopft hast! Aber ich werde Kleon holen gehen, der ihn heute vorladen und ihm das alles herauspressen wird.

(Die beiden Schankwirtinnen gehen ab.)

DIONYSOS. Ganz schrecklich will ich verrecken, wenn ich Xanthias nicht liebhabe!

XANTHIAS. [580] Ich weiß, ich weiß, was du vorhast. Hör auf, hör auf zu reden! Herakles könnte ich ja nicht werden.

DIONYSOS. Sag das bitte nicht, mein Xanthiaschen!

XANTHIAS. Und wie könnte *ich* wohl der Sohn der Alkmene werden, wo ich doch zugleich ein Sklave und ein Sterblicher bin?

DIONYSOS. Ich weiß, ich weiß, dass du böse bist, und das bist du zu Recht. Auch wenn du mich schlagen würdest, ich könnte nichts dagegen sagen. Aber wenn ich dir die Sachen von nun an jemals wieder wegnehme, will ich ganz und gar schrecklich verrecken – ich selbst, meine Frau, meine Kinder und der triefäugige Archedemos.

XANTHIAS. Ich akzeptiere deinen Eid, und unter diesen Bedingungen nehme ich die Sachen. *(Tauscht wieder sein Gepäck gegen Löwenfell und Keule.)*

CHOR *(zu Xanthias).*[103]
    Jetzt ist es an dir, nachdem du
    das Kostüm bekamst, das vorher   590
    du schon trugst, dass deinen Mut
    gänzlich du verjüngst und wieder
    annimmst deine grimmen Blicke,
    jenes Gottes eingedenk,
    den du imitierst. Ertappt man
    dich bei Albernheiten oder
    du gerierst als Weichling dich,
    bleibt erneut dir nichts, als dass du
    wieder aufnimmst das Gepäck.

XANTHIAS.
    Guten Rat gebt ihr da, Männer,
    ja ich selber hab gerade
    ebendieses auch gedacht.
    Dass er, wenn es etwas Gutes
    gibt, mir dieses wegzunehmen   600
    gleich versucht, das weiß ich wohl.
    Aber trotzdem werde ich mich
    mannhaft geben, hab dabei dann
    etwas Beißendes im Blick.
    Nötig ist das, scheint mir, denn ich
    hör schon, wie die Türe knarrt.
    (Aiakos kommt, begleitet von zwei starken Sklaven,
    wieder heraus.)

AIAKOS. Fessell schnell den Hundedieb da, damit er seine
    Strafe bekommt. Macht schon!

DIONYSOS *(beiseite).* Jemanden hat etwas Schlimmes er-
    eilt.

XANTHIAS *(zu den Sklaven, die ihn fesseln wollen).* Zum
    Henker mit euch, kommt mir ja nicht zu nahe!

AIAKOS. Na gut, du willst kämpfen? *(Ruft hinein.)* Ditylas,
    Skeblyas und Pardokas, kommt hierher und kämpft mit
    dem hier! *(Drei skythische Polizisten kommen heraus*
    und überwältigen Xanthias.)

DIONYSOS. [610] Ist es nicht schrecklich, dass der hier prügelt, wo er noch dazu fremdes Eigentum stiehlt?

AIAKOS. Ungeheuerlich!

DIONYSOS. Ja, fürchterlich und schrecklich.

XANTHIAS. Wahrhaftig, beim Zeus, wenn ich jemals zuvor hierher gekommen bin, bin ich bereit zu sterben, oder wenn ich von deinem Eigentum etwas gestohlen habe, was auch nur ein Haar wert ist. Und dir werde ich ein sehr edles Angebot machen: Nimm meinen Jungen hier und foltere ihn,[104] und wenn du mich überführst, dass ich jemals ein Unrecht getan habe, nimm mich und töte mich!

AIAKOS. Und wie soll ich ihn foltern?

XANTHIAS. Auf jede erdenkliche Weise: Binde ihn an eine Leiter, häng ihn auf, züchtige ihn mit einer Sauhaarpeitsche, zieh ihm die Haut ab, [620] strecke ihn, gieß ihm dazu noch Essig in die Nase, lege Ziegelsteine auf ihn, mach alles andere, nur schlage ihn weder mit einem Lauchstengel noch mit einem jungen Porreestengel.[105]

AIAKOS (*schickt die Skythen fort und nimmt selbst eine Peitsche in die Hand*). Die Abmachung ist fair. Und wenn ich dir den Jungen beim Schlagen irgendwie verstümmle, ist Geld für dich hinterlegt.[106]

XANTHIAS. Für mich nicht nötig; führe ihn ab und foltere ihn einfach so.

AIAKOS. Nein, hier, an dieser Stelle soll es stattfinden, damit er dir ins Gesicht aussagt. (*Zu Dionysos.*) Leg du dein Gepäck ab, und zwar schnell, und dass du mir hier keine Lügen erzählst!

DIONYSOS (*legt das Gepäck ab*). Ich erkläre einem gewissen jemand[107], dass man mich nicht foltern darf, weil ich ein Unsterblicher bin. Wenn du dich nicht daran hältst, [630] schreib dir selbst die Schuld an den Folgen zu.

AIAKOS. Was sagst du da?

DIONYSOS. Ich sage, dass ich ein Unsterblicher bin, Dionysos, Sohn des Zeus, der da aber ein Sklave ist.

AIAKOS *(zu Xanthias)*. Hörst du das?

XANTHIAS. Ja. Und umso mehr muss er gepeitscht werden. Denn wenn er wirklich ein Gott ist, wird er es nicht spüren.

DIONYSOS. Gut, weil ja auch du sagst, du seist ein Gott, lass doch auch du dir die gleichen Schläge geben, wie sie mir gegeben werden!

XANTHIAS. Die Abmachung ist fair. Und *(zu Aiakos)* welchen von uns beiden du eher weinen siehst oder irgendwie wahrnehmen, dass er geschlagen wird, von dem glaube nicht, dass er ein Gott ist.

AIAKOS. [640] Es kann nicht anders sein, als dass du ein edler Mann bist. Denn du gehst in Richtung Gerechtigkeit. Zieht euch also aus! *(Sie tun es.)*

XANTHIAS. Wie wirst du nun uns beide gerecht foltern?

AIAKOS. Das ist leicht. Abwechselnd bekommt jeder von euch beiden einen Schlag.

XANTHIAS. Gut gesagt. *(Hält ihm den Hintern hin.)* Sieh her! Pass nun auf, ob du mich zucken siehst. Hast du mich schon geschlagen?

AIAKOS. Nein, beim Zeus. *(Schlägt ihn.)*

XANTHIAS *(zeigt keine Reaktion)*. Das kommt auch mir nicht so vor.

AIAKOS. Jetzt werde ich zu dem da gehen und ihn schlagen. *(Schlägt Dionysos.)*

DIONYSOS. Wann denn?

AIAKOS. Ich habe dich schon geschlagen.

DIONYSOS. Und wieso habe ich dann nicht geniest?[108]

AIAKOS. Weiß ich nicht. Ich will es wieder bei dem da probieren.

XANTHIAS. Na, mach schon! *(Aiakos schlägt ihn.)* Aaah!

AIAKOS. Was soll das »aaah«? [650] Hat es dir wehgetan?

XANTHIAS. Nein, beim Zeus; ich dachte gerade daran, wann das Heraklesfest in Diomeia[109] stattfindet.

AIAKOS. Ein gottgleicher Mann! Ich muss wieder hierher gehen. *(Schlägt Dionysos.)*

DIONYSOS. Au ... Wow!

AIAKOS. Was ist?

DIONYSOS. Ich sehe Ritter![110]

AIAKOS. Warum weinst du dann?

DIONYSOS. Ich rieche Zwiebeln.

AIAKOS. Denn nicht wahr, du merkst nichts?

DIONYSOS. Es macht mir nichts aus.

AIAKOS. Ich muss also wieder zu dem da gehen *(Schlägt Xanthias.)*

XANTHIAS. O weh!

AIAKOS. Was ist?

XANTHIAS *(streckt ihm den Fuß hin)*. Zieh mir den Dorn raus!

AIAKOS. Was ist los hier? Hierher muss ich wieder gehen. *(Schlägt Dionysos.)*

DIONYSOS. Apoll – »der du in Delos oder Python wohnst.«

XANTHIAS. [660] Es hat ihm wehgetan; hast du es nicht gehört?

DIONYSOS. Nein, das hat es nicht. Denn ich memorierte einen jambischen Vers des Hipponax.[111]

XANTHIAS. Du tust ihm ja nichts. Hau ihm in die Seite!

AIAKOS. Nein, beim Zeus; *(zu Dionysos.)* halte mir jetzt deinen Bauch hin! *(Schlägt ihn dort.)*

DIONYSOS. Poseidon!

XANTHIAS. Jemandem hat es wehgetan!

DIONYSOS *(singt)*.
     »der über der Ägäis
  Kap du waltest oder in
  grauer Salzflut Tiefen!«[112]

AIAKOS. Bei Demeter, ich kann tatsächlich noch immer nicht feststellen, wer von euch beiden ein Gott ist. Nun, geht beide hinein! [670] Der Herr selbst und Pherrephatta[113] werden euch erkennen, weil auch die beiden ja Götter sind.

DIONYSOS. Recht so! Ich wollte, du hättest daran früher gedacht – bevor ich die Schläge bekam. *(Alle außer dem Chor ab in den Palast.)*

CHOR.[114]

> Muse, den heiligen Tanz fange an und komm,
> dich zu erfreuen an meinem Gesang,
> um zu erblicken die große
>   Schar[115], wo in riesiger Zahl
> weise Kenner sitzen;
> die sind braver als Kleophon[116], jener, bei dem
> auf zweisprachig tönendem Mund
> einen gewaltigen Lärm macht   680
> eine thrak'sche Schwalbe;
> auf barbarischem Blatte nun dasitzend, lässt
> sie ertönen mit Tränen ein Nachtigalllied,
>   dass es aus mit ihm sein wird,
> auch bei Stimmengleichheit.[117]

CHORFÜHRER.[118]

> Recht und billig ist's, dass guten
>   Rat der heil'ge Chor der Stadt
> spendet und sie lehrt. Als erstes,
>   scheint uns, sollten gleich nun sein
> alle Bürger, und genommen
>   werde ihnen ihre Angst.[119]
> Wenn, weil Phrynichos zu Fall ihn
>   brachte, einer Falsches tat,
> muss es möglich sein, dass alle,
>   welche damals strauchelten,   690
> sich rechtfertigen und dadurch
>   tilgen ihre früh're Schuld.
> Dann: Im Staat sei keiner, sag ich,
>   seines Bürgerrechts beraubt.
> Schändlich ist's, dass, wer nur einmal
>   mitgefochten hat zur See,
> gleich Plataier wird und, war er
>   vorher Sklave, freier Herr[120] –
> und sogar so etwas könnt ich
>   nicht als schlecht bezeichnen, nein,
> loben muss ich's, denn nur dieses
>   habt ihr mit Vernunft gemacht.

Doch dann solltet ihr auch denen,
                welche mit euch oft zur See
wie die Väter kämpften und die
                euch verwandt durch Herkunft sind,
dieses eine Missgeschick dann,
                wenn sie darum flehn, verzeihn.
Also lasst von eurem Zorn ab,
                ihr, höchst weise von Natur;   700
lasst uns als verwandt und als
                Bürger mit dem vollen Recht
gerne akzeptieren jeden,
                der in unsrer Flotte kämpft.
Wenn wir aber aufgeblasen
                und zu stolz sind, dies zu tun,
wo doch »in der Wellen Armen«[121]
                wir jetzt unsre Polis sehn,
wird in spät'rer Zeit man denken,
                Einsicht habe uns gefehlt.

CHOR.
»Sehe ich richtig das Leben und auch die Art
bei einem Mann«[122], dem's noch schlecht gehen wird,
wird nicht mehr lang dieser Affe,
                der jetzt für Unruhe sorgt,
Kleigenes[123] der Kleine,
der schlimmste von allen Barbieren, die durch   710
Vermischen der Asche die Herrn
sind über unechte Lauge
und die Walkererde
aus Kimolos[124], bei uns sein, und weil er das weiß,
sucht er Streit stets, aus Angst, wenn er trunken ist,
                zieh man ihm aus seine Kleider,
falls er ohne Stock geht.

CHORFÜHRER.
Oftmals schien mir, unsrem Stadtstaat
                widerfahre ganz genau
das mit seinen Bürgern, welche
                edel und auch tüchtig sind,

wie es mit den alten Münzen[125]
         und dem neuen Golde geht.   720
Beides, das kein Falschgeld, sondern
         schönstes Geld war – jeder glaubt's –,
und allein korrekt geprägt war
         und geprüft und renommiert
überall bei den Hellenen
         wie bei den Barbaren auch –
nicht benutzen wir es, sondern
         dieses schlechte Kupfergeld,
das man gestern oder früher
         prägte – miese Qualität.
Und die Bürger, die, wie wir doch
         wissen, wohlgeborene,
weise und gerechte Männer,
         edel und auch tüchtig sind,
aufgezogen durch Palästra[126],
         Chor und musische Kultur,
die verschmähn wir, doch das Kupfer –
         Rotschöpf' und die Fremdlinge,   730
Schurken und die Schurkensöhne –
         nehmen wir zu allem her,
ebenso zuletzt Gekomm'ne,
         welche früher unsre Stadt
nicht einmal als Sündenböcke[127]
         ohne weiteres hätt benutzt.
Doch noch jetzt, ihr dummen Leute,
         ändert endlich eure Art,
ehrt die Ehrenwerten wieder!
         Habt ihr damit dann Erfolg,
bringt's euch guten Ruf, doch geht es
         schief und irgendwas passiert,
denken Weise, es passiere
         euch »an einem würd'gen Baum«[128].
(Ein Sklave Plutons und Xanthias kommen heraus.)
SKLAVE. Bei dem Retter Zeus, ein edler Mann ist dein
Herr!

XANTHIAS. Wie sollte er auch nicht edel sein, [740] wo er sich doch allein darauf versteht, zu saufen und zu ficken.

SKLAVE. Aber dass er dich nicht verprügelt hat, als du eindeutig überführt warst, weil du als Sklave behauptet hast, du seist der Herr!

XANTHIAS. Er hätte es wahrlich bereuen müssen!

SKLAVE. Das hast du wahrlich so recht wie ein Sklave gemacht, eben das, was ich gerne mache.

XANTHIAS. Wie bitte – gerne?

SKLAVE. Ja, ich komme mir vor, als würde ich die höchste Seligkeit erblicken,[129] wenn ich heimlich meinen Herrn verfluche.

XANTHIAS. Was ist mit Herummurren, wenn du viele Hiebe bekommen hast und zur Tür hinausgehst?

SKLAVE. Auch das macht mir Spaß.

XANTHIAS. Was ist damit, dass du dich in die Angelegenheiten anderer einmischst?

SKLAVE. Beim Zeus, ich kenne nichts, das so gut ist, wie das!

XANTHIAS. [750] Zeus, du Gott der Blutsverwandten! Und Herren belauschen, was sie so reden?

SKLAVE. Ich bin total verrückt danach!

XANTHIAS. Und was ist damit, dass du es Außenstehenden erzählst?

SKLAVE. Wie, ich? Beim Zeus, wenn ich das tue, dann spritz ich mich voll!

XANTHIAS. O Phoibos Apollon! Lege deine rechte Hand in meine und lass dich küssen und küsse du mich! *(Während sie sich umarmen, hört man von drinnen Lärm.)* Und sage mir beim Zeus, der uns ein Gott gemeinsamer Prügelnarben ist, was ist das da drinnen für ein Lärm und ein Geschrei und ein Gezänke?

SKLAVE. Es kommt von Aischylos und Euripides.

XANTHIAS. Aha?

SKLAVE. Eine große Sache, ja eine große Sache ist in Gang gebracht worden [760] bei den Toten und ein gewaltiger Aufruhr.

XANTHIAS. Wodurch?

SKLAVE. Ein Gesetz gibt's hier – es ist in Kraft –, dass im Bereich aller Künste, die großartig und mit Geschick verbunden sind, der Beste unter seinen Kunstgenossen persönlich die Speisung im Prytaneion[130] bekommt und einen Stuhl neben Pluton –

XANTHIAS. Ich verstehe.

SKLAVE. – bis ein anderer kommt, der kunstreicher ist als er. Dann muss er weichen.

XANTHIAS. Warum hat das nun den Aischylos in Aufregung versetzt?

SKLAVE. Er hatte den Stuhl für Tragödiendichtung inne [770] als der Beste in seiner Kunst.

XANTHIAS. Und wer jetzt?

SKLAVE. Als Euripides hierher herabgekommen war, da begann er mit seinen Vorführungen vor den Kleiderräubern und den Taschendieben und den Vaterverprüglern und den Einbrechern, von denen es im Hades eine Menge gibt. Und die hörten seine Wortklaubereien, Kniffe und Verdrehungen[131] an, wurden ganz verrückt davon und hielten ihn für den Weisesten, und da sah er sich so angespornt, dass er Anspruch erhob auf den Stuhl, auf dem Aischylos saß.

XANTHIAS. Und hat man ihn deswegen nicht gesteinigt?

SKLAVE. Nein, beim Zeus, sondern die Volksmenge schrie, man solle ein Schiedsgericht veranstalten, um zu entscheiden, [780] wer der Bessere ist in der Kunst.

XANTHIAS. Das Volk der Schurken?

SKLAVE. Ja, beim Zeus, bis zum Himmel hinauf schrien sie.

XANTHIAS. Gab es denn nicht andere, die auf der Seite des Aischylos standen?

SKLAVE. Was anständig ist, gibt es selten – wie hier. *(Zeigt auf die Zuschauer.)*

XANTHIAS. Was hat nun Pluton vor zu tun?

SKLAVE. Auf der Stelle einen Wettkampf zu veranstalten

und ein Schiedsgericht und eine Prüfung der Kunst bei-
der.

XANTHIAS. Und wieso hat dann nicht auch Sophokles Anspruch auf den Stuhl erhoben?

SKLAVE. Nein, beim Zeus, der nicht, sondern er küsste den
Aischylos, als er herabgekommen war, und legte seine
rechte Hand in dessen Rechte. [790] Und er gestand ihm
den Stuhl zu. In der jetzigen Situation war seine Absicht, sich als Ersatzmann hinzusetzen, wie Kleidemides
es ausgedrückt hat. Und wenn Aischylos siegt, wird er
bleiben, wo er ist, wenn aber nicht, wird er, wie er sagte,
bis zum Ende gegen Euripides um den Vorrang in der
Kunst kämpfen.

XANTHIAS. Die Sache wird also tatsächlich stattfinden?

SKLAVE. Ja, beim Zeus, in Kürze. Und genau hier wird
ein gewaltiges Spektakel in Bewegung gesetzt werden.
Denn Kunst wird mit der Waage in Pfund gemessen
werden –

XANTHIAS. Was? Werden sie die Tragödie wie ein Opfer bei
den Apaturien behandeln?[132]

SKLAVE. – und Richtschnüre und Messstäbe für Wörter
werden sie heraustragen [800] und Viereckformen[133] –

XANTHIAS. Werden sie denn Ziegel herstellen?

SKLAVE. – und Winkelmaße und Keile. Denn Euripides
sagt, er werde die Tragödien Wort für Wort auf den
Prüfstand stellen.

XANTHIAS. Darüber ärgert Aischylos sich, nehme ich an.

SKLAVE. Jedenfalls beugte er den Kopf nach unten und
glotzte wie ein Stier.

XANTHIAS. Und wer wird denn Schiedsrichter sein?

SKLAVE. Da gab es Schwierigkeiten. Die beiden fanden, es
herrsche Mangel an weisen Männern. Denn mit den
Athenern war Aischylos nicht einverstanden –

XANTHIAS. Vielleicht glaubte er, viele von ihnen seien Ein-
brecher.

SKLAVE. – und der Rest, so meinte er, tauge nichts beim Er-

kennen [810] der Qualität von Dichtern. Schließlich über-
trugen sie deinem Herrn das Schiedsrichteramt, weil er
in der Kunst erfahren ist. Doch lass uns hineingehen.
Denn wenn die Herren etwas ernsthaft und eifrig betrei-
ben, bekommen wir Prügel.
(Beide ab. Während des Chorliedes wird eine große Waa-
ge auf die Spielfläche gestellt.)
CHOR.[134]

> Wahrlich, schrecklichen Zorn
> > wird der Donnerer innerlich haben,
> sieht er den Kunstrivalen
> > die spitzig schwatzenden Hauer
> wetzen. Er wird wahrhaftig
> > in schrecklichem Ingrimm
> rollen seine Augen dann.

> Geben wird's helmfunkelnden
> > Streit hochtrabender Worte,
> Splitter des Splints im Rad
> > und auch von Kunstwerken Späne,
> wenn des Gedankenerbauers
> > rosstrabende Rede   820
> dieser Mann parieren wird.

> Sträubend die halsumwallende
> > Mähne auf zottigem Nacken,
> runzelnd die schreckliche Stirnhaut,
> > wird klobengenietete Worte
> brüllend er schleudern, wie Planken,
> > vom Schiffe gerissen,
> schnaubend mit Titanengrimm.

> Dann wird die Mauldrescherin,
> > die wortinquirierende glatte
> Zunge, aufrollend alles
> > und schüttelnd die neidischen Zügel,

Wörter dabei zerspaltend,
          niederspitzfindeln
all die Müh' der Lungenkraft.

(*Auf dem Ekkyklema*[135] *erscheinen, auf Stühlen sit-
zend, Pluton und Aischylos, und daneben stehend,
Euripides und Dionysos.*)

EURIPIDES (*zu Dionysos*). [830] Ich werde auf keinen Fall auf
den Stuhl verzichten. Red nicht auf mich ein! Ich bin
besser in der Kunst als der da, sage ich.

DIONYSOS. Aischylos, warum schweigst du? Du hörst doch,
was er sagt.

EURIPIDES. Er wird erst einmal großtun, so wie er in seinen
Tragödien jedesmal Nebelkerzen abgebrannt hat.

DIONYSOS. Mein lieber Freund, übertreibe mal nicht so!

EURIPIDES. Ich kenne den, und ich habe ihn schon vor
langer Zeit unter die Lupe genommen, ihn, einen von
Wilden dichtenden, selbstgefällig redenden Menschen,
der einen zügellosen, unbeherrschten, unverschließba-
ren Mund hat, einen an Redseligkeit nicht zu überbie-
tenden, prunkbündelwortigen.

AISCHYLOS. [840] Wirklich, o Sohn der – Bauerngöttin?[136]
Du sagst das über mich, du Geschwätzeinsammler, Bett-
lerdichter und Lumpenzusammenflicker?[137] Aber du
wirst bereuen, was du sagst.

DIONYSOS. Hör auf, Aischylos,
»Erhitze nicht im Zorn dein Inneres durch Wut!«[138]

AISCHYLOS. Nein, ich höre nicht auf, bis ich deutlich auf-
gezeigt habe, was für einer der Krüppelpoet ist, der sich
so unverschämt gebärdet.

DIONYSOS (*tut so, als riefe er ins Bühnenhaus*). Ein Lamm,
ein schwarzes Lamm[139] bringt heraus, Burschen! Denn
ein Orkan macht sich bereit, loszubrechen.

AISCHYLOS (*zu Euripides*). Du Sammler kretischer Monodien, [850] du, der du ruchlose Bettgeschichten in die
Kunst einführst[140] –

DIONYSOS. He du, halt ein, mein vielgeehrter Aischylos!

Und du, armer Euripides, ziehe dich in einige Entfernung zurück von dem Hagelsturm, wenn du vernünftig bist, damit er nicht im Zorn dich an die Schläfe trifft mit einem Block aus Worten und dir herausfließen lässt – den *Telephos*.[141] Und du sprich nicht im Zorn, Aischylos, sondern argumentiere sanft und lass sanft mit dir argumentieren. Es gehört sich nicht für Männer, die Dichter sind, einander zu beschimpfen wie die Brotverkäuferinnen. Aber du brüllst drauflos wie eine Steineiche, wenn sie verbrannt wird.

EURIPIDES. [860] Ich bin bereit – und ich ziehe mich nicht zurück –, zu beißen und vorher von ihm gebissen zu werden, wenn er das will, in meine Verse und meine Lieder, die Sehnen meiner Tragödien, ja und, beim Zeus, auch in den *Peleus* und den *Aiolos* und den *Meleager* und sogar in den *Telephos*.[142]

DIONYSOS. Und was gedenkst du nun zu tun? Sag's mir, Aischylos!

AISCHYLOS. Ich wollte keinen Wettstreit hier. Denn wir kämpfen nicht unter gleichen Voraussetzungen.

DIONYSOS. Warum nicht?

AISCHYLOS. Weil meine Dichtung nicht mit mir gestorben ist,[143] seine aber mit ihm starb, so dass er sie hier wird rezitieren können. [870] Trotzdem, wenn du es für richtig hältst, müssen wir das machen.

DIONYSOS *(ruft ins Bühnenhaus)*. Auf jetzt, jemand schaffe mir hierher Weihrauch und Feuer, so dass ich vor den Weisheitsdarbietungen dafür beten kann, dass ich in diesem Wettkampf höchst kunstsachverständig zu urteilen vermag. Und ihr *(zum Chor)*, singt den Musen ein Lied! *(Er erhält das Gewünschte, entzündet Weihrauch und betet still während des Chorgesangs.)*

CHOR.[144]

    Zeus-Töchter ihr, neun heilige Jungfrau,
    Musen, die ihr herabblickt
           auf kluge, subtile Gehirne

meinungenschmiedender Männer,
                 wenn sie zum Streit gehn, mit List und
scharfsinnig ausgedachten
                 Finten einander befehdend,
kommt und betrachtet die Macht, die hier zwei
Münder haben, höchst fähig zu liefern   880
große Worte und Säg'mehl davon.
Jetzt wird ja endlich ins Werk gesetzt
der große Kampf der Weisen.

DIONYSOS *(gibt Aischylos ein Weihrauchgefäß).* Betet auch
ihr beiden, bevor ihr eure Worte sprecht.

AISCHYLOS *(streut Weihrauchkörner ins Feuer).* Demeter,
die du meinen Geist genährt hast, lass mich deiner Mysterien würdig sein!

DIONYSOS *(gibt Euripides das Weihrauchgefäß).* Nimm
auch du Weihrauch und streue ihn ins Feuer.

EURIPIDES. Nein, danke. Denn es sind andere Götter, zu
denen ich bete.

DIONYSOS. [890] Irgendwelche privaten, neu von dir geprägt?

EURIPIDES. Ganz genau.

DIONYSOS. Also los, bete zu deinen Privatgöttern!

EURIPIDES. Äther, der mich nährt, und Wirbel der Zunge
und Verstand und scharfriechende Nasenlöcher,[145] lass
mich überzeugend kritisieren alle Formulierungen, die
ich angreife!

CHOR.[146]
    Auch wir sind nun wahrlich begierig darauf,
    von zwei weisen Herrn zu hören
    einen schönen Wortetanz.
    Schreitet auf dem Kriegspfad hin!
    Wild sind nämlich beider Zungen,
    ihr Begehren ist nicht mutlos,
    und nicht träge ist ihr Geist.
    Also dürfen wir erwarten,   900
    dass es schlau ist, was der eine

sagen wird, und ausgefeilt,
und der andere herauszieht
Worte mit der Wurzel, damit
sich auf seinen Gegner stürzend,
und von Wortstaub ganze Schwaden weit verstreut.

CHORFÜHRER.
Auf, reden müsst ihr nun sofort,
doch schaut, dass ihr nur Schlaues
und keine faden Bilder bringt,
nichts, was auch andere sagen.

EURIPIDES. Von mir selbst, von welcher Art ich in meiner Dichtung bin, werde ich am Schluss sprechen. Erst will ich den da überführen und zeigen, was für ein Prahler und Windbeutel er war und mit welchen Mitteln er seine Zuschauer [910] täuschte, die er als Dummköpfe übernahm, nachdem sie bei Phrynichos[147] großgezogen worden waren. Zu Beginn nämlich ließ er immer irgendjemanden, etwa Achilles und Niobe[148], dasitzen mit verhülltem Haupt, wobei er sie ihr Gesicht nicht zeigen und – als bloße Schaupuppen der Tragödie – nicht *so* viel *(presst zwei Finger zusammen)* von sich geben ließ.

DIONYSOS. Wahrhaftig nicht, beim Zeus.

EURIPIDES. Und der Chor trug stampfend vier Liedkomplexe[149] nacheinander vor, ohne Pause, die Bühnenfiguren aber blieben stumm.

DIONYSOS. Doch ich hatte meine Freude an dem Schweigen, und es machte mir nicht weniger Vergnügen als die Schwätzer heutzutage.

EURIPIDES. Denn du warst einfältig – damit du es genau weißt.

DIONYSOS. Das scheint mir auch. Doch warum hat er – du weißt schon wer – das so gemacht?

EURIPIDES. Weil er eben ein Schwindler ist! Damit die Zuschauer dasaßen und warteten, [920] wann Niobe etwas sagen würde. Aber das Drama lief weiter und weiter.

DIONYSOS. O der Oberschurke! Wie ich doch von ihm an

der Nase herumgeführt wurde, ja klar! *(Zu Aischylos.)*
Warum schüttelst du dich da und ärgerst dich?

EURIPIDES. Weil ich ihn überführe. Und dann, wenn er
diesen Unfug gebracht hatte und das Drama schon die
Mitte erreicht hatte, ließ er immer ein Dutzend ochsen-
große Wörter von sich, mit hochgezogenen Augenbrau-
en und Helmbüschen, fürchterliches, schreckgespenst-
artiges Zeug, unbekannt den Zuschauern.

AISCHYLOS. O verdammt!

DIONYSOS. Sei still!

EURIPIDES. Auch nicht ein einziges klares Wort ließ er
dann sprechen –

DIONYSOS *(zu Aischylos)*. Knirsche nicht mit den Zähnen!

EURIPIDES. – sondern von Skamandern und Wallgräben
und auf Schilden abgebildeten Greifenadlern, erzge-
schmiedeten, und hochrosstrabende Wörter, [930] die zu
verstehen nicht leicht war.[150]

DIONYSOS. Ja, bei den Göttern, ich jedenfalls lag schon einmal während der langen Zeit einer Nacht wach und versuchte herauszufinden, welcher Vogel der lohfarbene
Rosshahn ist.

AISCHYLOS. Er war als Emblem auf die Schiffe gemalt, du
Riesendummkopf!

DIONYSOS. Und *ich* dachte, es sei Eryxis, der Sohn des
Philoxenos!

EURIPIDES. Musste es denn wirklich sein, in Tragödien
auch von einem Hahn zu dichten?

AISCHYLOS. Und du, den Göttern Verhasster – von welcher
Art ist das Zeug, das du gedichtet hast?

EURIPIDES. Keine Rosshähne, beim Zeus, auch keine Zie-
genbockhirsche wie du, wie man sie auf den persischen
Wandteppichen abbildet. Nein, als ich erstmals die
Kunst von dir übernahm, [940] geradezu aufgedunsen[151]
wie sie war von dröhnenden Prahlreden und kaum er-
träglichen Sprüchen, habe ich sie zuallererst abschwellen
lassen und ihr die Schwere genommen durch kleine

Verschen, Spaziergänge und weißen Mangold[152], wozu
ich Saft aus Banalitäten reichte, den ich abseihte aus
Büchern. Dann habe ich sie mit Monodien aufgefüttert
und etwas Kephisophon[153] beigemischt. Schließlich hab
ich nicht drauflosgeschwätzt über alles, was mir so in
den Sinn kam, noch bin ich einfach in die Handlung
hineingestürzt und habe dabei alles miteinander ver-
mengt, sondern derjenige, der zu Beginn auftrat, erzähl-
te sofort die Vorgeschichte meines Dramas –

AISCHYLOS. Denn sie war, beim Zeus, besser als deine eigene.[154]

EURIPIDES. Sodann ließ ich von den ersten Worten an keinen untätig dastehen, sondern immer sprachen bei mir
die Frau und nicht weniger der Sklave [950] und der Herr
und das Mädchen und die Alte.

AISCHYLOS. Nun, für diese Dreistigkeit hättest du wahrhaftig den Tod verdient!

EURIPIDES. Nein, beim Apollon, denn ich habe damit de-
mokratisch gehandelt.

DIONYSOS. Lass gut sein, mein Lieber. Denn das ist etwas,
worüber zu sprechen du dir am besten nicht die Zeit
nimmst.[155]

EURIPIDES. Dann habe ich diese da *(zeigt auf das Publikum)* sich zu artikulieren gelehrt –

AISCHYLOS. Ja, das hast du. Wärest du doch, bevor du das
lehrtest, geplatzt!

EURIPIDES. – und subtile Maßstäbe anzulegen und die
Worte richtig auszuzirkeln, wahrzunehmen, hinzuse-
hen, zu verstehen, die Hüfte zu drehen[156], Tricks anzu-
wenden, Übles zu argwöhnen, alles zu durchdenken –

AISCHYLOS. Ja, das hast du.

EURIPIDES. – wobei ich alltägliche Dinge auf die Bühne
brachte, mit denen wir umgehen, mit denen wir vertraut
sind [960] und derentwegen ich Gefahr lief, kritisiert zu
werden. Denn die Leute wissen da Bescheid und hätten
Versehen meiner Kunst bloßstellen können. Aber ich

zog sie nicht vom Nachdenken weg, indem ich dröh-
nende Reden halten ließ, und ich versuchte nicht, sie zu
erschrecken, indem ich Männer wie Kyknos kreierte und
wie Memnon, den Glöckchenzaumzeugberossten.[157] Du
wirst das an den Schülern von uns beiden erkennen, seinen und meinen. Seine sind Phormisios und der Dumm-
kopf Megainetos, Trompetenlanzenknebelbärte, Hohn-
lächelfichtenbeuger, meine Kleitophon[158] und der ge-
witzte Theramenes.

DIONYSOS. Theramenes? Ja, ein schlauer Mann und ge-
schickt in allem; wenn der irgendwie in Schwierigkeiten
geraten ist oder an solchen nahe dran ist, [970] kommt er
da auch irgendwie wieder raus – nicht ein Einser, sondern ein Sechser am Würfel.

EURIPIDES. Wahrhaftig, dahin, solches zu denken, führte
ich diese Leute, indem ich Ratio und kritischen Geist in
meine Kunst einbrachte, so dass sie jetzt alles wahrnehmen und darüber Bescheid wissen und im übrigen besser haushalten als früher und sorgfältig prüfen: »Wie
verhält es sich damit? Wo finde ich dies? Wer hat das genommen?«

DIONYSOS. [980] Ja, bei den Göttern, heutzutage jedenfalls,
da schreit jeder Athener, der nach Hause kommt, seine
Sklaven an und forscht nach: »Wo ist der Topf? Wer hat
den Kopf der Sprotte aufgegessen? Die Schale vom letzten Jahr ist nicht mehr! Wo ist der Knoblauch von gestern? Wer hat die Olive angenagt?« Sonst saßen sie immer dämlich da [990] und sperrten das Maul auf, die Blö-
del, doof wie Melitides.

CHOR *(zu Aischylos)*.
    »Das siehst du mit an, ruhmreicher Achill?«[159]
    Nun, was wirst du dazu sagen? Dass dich nur
    deine Wut nun nicht ergreift
    und dich aus der Rennbahn trägt!
    Denn er hat dich schlimm beschuldigt.
    Doch sieh zu, du edler Mann,

dass du nicht im Zorn erwiderst,
sondern mit gerefften Segeln,
nutzend ihre Spitzen nur.   1000
Mehr und mehr lass du dann locker
und pass auf, wann einen Wind du
kriegst, der sanft ist und der auch gleichmäßig weht.

CHORFÜHRER.

    Auf, du, der als erster in Griechenland du
                auftürmtest erhabene Worte
    und dem tragischen Spiel Eleganz verliehst,
                lass mutig den Quell sich verströmen!

AISCHYLOS. Ich bin wütend über das, was hier geschieht,
und bis ins Mark bin ich verärgert, weil ich mit dem da
disputieren muss. Damit er nicht sagt, ich wisse nicht
weiter – *(zu Euripides)* beantworte mir dies: Wofür soll
man einen Dichter bewundern?

EURIPIDES. Für Klugheit und guten Rat, weil wir besser
machen [1010] die Menschen in den Stadtstaaten.

AISCHYLOS. Wenn du das nun nicht getan hast, sondern
Rechtschaffene und Edle offensichtlich schlechter gemacht hast, was, wirst du sagen, verdienst du dafür zu
erleiden?

DIONYSOS. Den Tod. Frag doch nicht *den*.

AISCHYLOS. Betrachte also nun, wie sie waren, als er sie an-
fangs von mir übernahm, ob sie edel und von echtem
Schrot und Korn waren und nicht Steuerverweigerer,
nicht ordinäre Typen, nicht Gauner, wie sie es jetzt sind,
nicht Schurken, sondern Männer, die Speere und Lan-
zen und weißbuschige Helme und Sturmhauben und
Beinschienen und siebenochsenhäutigen[160] Kampfesmut
schnaubten.

DIONYSOS. Und da kommt es schon wieder, das alte Elend:
Jetzt macht er Helme und wird mich damit noch um-
bringen!

EURIPIDES. Und durch welche Tat hast du sie gelehrt, so
edel zu sein?

DIONYSOS. [1020] Aischylos, sprich, und grolle nicht so eigensinnig aufgeblasen!

AISCHYLOS. Ich schuf ein Drama, das voll des Ares[161] war.

EURIPIDES. Welches?

AISCHYLOS. Die *Sieben gegen Theben*.[162] Jeder, der dabei zuschaute, wurde von dem Verlangen ergriffen, ein Krieger zu sein.

DIONYSOS. Da hast du etwas Übles getan. Denn du hast die Thebaner tapferer für den Krieg gemacht.[163] Und dafür solltest du verprügelt werden.

AISCHYLOS. Nun, ihr[164] hättet die Chance gehabt, euch darin zu üben, aber ihr habt euch dem nicht zugewandt. Danach brachte ich nun die *Perser*[165] auf die Bühne und lehrte das Verlangen, stets die Gegner zu besiegen, indem ich einer großartigen Tat[166] Glanz verlieh.

DIONYSOS. Ich jedenfalls freute mich, als ich dem toten Dareios zuhörte, [1030] und auf der Stelle klatschte der Chor *so* in die Hände *(tut es)* und rief: »Iauoi«.[167]

AISCHYLOS.[168] Das müssen Dichter nämlich immer wieder tun. Sieh doch, wie nutzbringend von Anfang an die Edlen unter den Dichtern gewesen sind: Denn Orpheus lehrte uns die mystischen Rituale und dass wir uns von Morden fernhalten sollen; Musaios Heilmittel für Krankheiten und Orakel; Hesiod den Ackerbau, die Zeiten für die Früchte und das Pflügen; und der göttliche Homer, woher erhielt er seine Ehre und seinen Ruhm, wenn nicht daher, dass er Nützliches lehrte: Schlachtreihen, Tugenden und Bewaffnung von Männern?[169]

DIONYSOS. Das hat er freilich denn doch nicht dem Riesentolpatsch Pantakles beigebracht. Neulich jedenfalls, als der bei einer Prozession dabei war, hat er erst seinen Helm festgebunden und sich dann daran gemacht, seinen Helmbusch darauf zu befestigen!

AISCHYLOS. Aber vielen anderen tüchtigen Männern hat er es zweifellos beigebracht, von denen einer auch Lamachos[170] war, der Held. [1040] Daran anknüpfend hat mein

Geist durch Nachformung viele Exempel von Tugend
geschaffen – von Männern wie Patroklos und dem lö-
wenmutigen Teukros[171] –, um so anzuspornen die Männer in der Polis, dass sie diesen Helden gleichzukommen
versuchen, wenn sie den Ruf der Trompete hören. Aber,
beim Zeus, ich schuf nie Huren wie Phaidra oder Stheneboia,[172] und niemand kann eine liebende Frau nennen,
die ich je auf die Bühne gebracht hätte.

EURIPIDES. Nein, beim Zeus, denn ganz und gar nichts von
Aphrodite war jemals an dir.

AISCHYLOS. Und möge auch nie sein! Aber auf dir und den
Deinen saß sie schwer und mit ihrer ganzen Macht, so
dass sie auch dich selbst zur Strecke brachte.

DIONYSOS. Ja, beim Zeus, das ist wirklich wahr. *(Zu Euripides.)* Denn was du über die Frauen anderer Leute
schriebst, damit wurdest du selbst geschlagen.[173]

EURIPIDES. Und inwiefern, du Schrecklichster aller Männer, bringen meine Stheneboien der Polis Schaden?

AISCHYLOS. [1050] Weil du edle Frauen edler Männer dazu
brachtest, Schierling zu trinken, weil sie von Scham ergriffen waren wegen deiner Bellerophonten.[174]

EURIPIDES. Gab es etwa diese Geschichte von Phaidra
noch nicht, habe *ich* sie ersonnen?

AISCHYLOS. Freilich gab es sie, beim Zeus. Aber der Dichter muss das Ruchlose verhüllen und darf es nicht auf
die Bühne bringen oder es lehren. Denn die kleinen
Kinder haben einen Lehrer, der sie unterweist, und die
Erwachsenen haben Dichter. Es ist also unbedingt notwendig, dass wir ihnen Dinge sagen, die gut sind.

EURIPIDES. Wenn du uns Wörter vorträgst von der Größe
des Lykabettos und des Parnassos[175], heißt das dann
»Gutes lehren«, wo man doch einfach wie ein Mensch
sprechen soll?

AISCHYLOS. Aber, du elender Kerl, es ist notwendig, Wörter hervorzubringen, die großen Gedanken und Ideen
adäquat sind. [1060] Und überhaupt ist es natürlich, dass

die Halbgötter Wörter verwenden, die größer sind als unsere. Denn sie tragen auch viel erhabenere Gewänder als wir; das habe ich als eine gute Lehre vermittelt, und du hast es dann verfälscht.

EURIPIDES. Indem ich was tat?

AISCHYLOS. Zunächst einmal, indem du den Männern im Rang von Königen Lumpen anzogst,[176] damit sie den Menschen bemitleidenswert erschienen.

EURIPIDES. Hab ich nun irgendeinen Schaden angerichtet, indem ich das tat?

AISCHYLOS. Nun, jedenfalls will deswegen keiner von den Reichen Kapitän einer Triere[177] sein, sondern er hüllt sich in Lumpen, heult und sagt, er sei arm.

DIONYSOS. Ja, bei Demeter, und dabei trägt er darunter einen Chiton aus dicker Wolle. Und wenn er sie mit seiner Story erfolgreich getäuscht hat, taucht er schon bei den Buden der Fischhändler auf.[178]

AISCHYLOS. Ferner hast du die Leute gelehrt, dauernd zu schwatzen und zu quatschen, [1070] was die Palaistren[179] leer machte und die Ärsche der jungen Männer abnutzte, weil sie ständig quatschend dasaßen, und die Matrosen der »Paralos«[180] brachte es dazu, ihren Vorgesetzten Widerworte zu sagen. Damals dagegen, als ich lebte, verstanden sie sich auf nichts anderes als nach ihrem Gerstenbrot zu rufen und »Hauruck!« zu schreien.

DIONYSOS. Ja, beim Apollon, und dem Ruderer auf der untersten Bank ins Gesicht zu furzen, beim Essen den Tischpartner mit Scheiße zu beschmieren und beim Landgang jemandem die Kleider zu stehlen. Heutzutage widersprechen sie und wollen nicht mehr rudern; sie segeln hierhin und dann wieder dorthin.

AISCHYLOS. An welchen Übeln ist er nicht schuld? Hat er nicht Kupplerinnen vorgeführt [1080] und Frauen, die in den Tempeln Kinder zur Welt brachten, und solche, die mit ihren Brüdern schliefen, und solche, die sagten, ihr

Leben sei kein Leben?[181] Und außerdem ist aufgrund
von alldem unsere Polis voll geworden von Untersekre-
tären und herumkaspernden Politikeraffen, die ständig
das Volk betrügen. Und aus Mangel an körperlicher Er-
tüchtigung ist jetzt niemand mehr fähig, eine Fackel zu
tragen.[182]

DIONYSOS. Nein, niemand, weshalb ich mich schwindsüch-
tig lachte [1090] an den Panathenäen, als da so ein langsa-
mer Mensch rannte, den Kopf nach unten, bleich, fett,
weit abgehängt und total fertig. Und dann schlugen ihm
die Bewohner des Kerameikos[183] am Tor auf den Bauch,
die Rippen, die Seiten und den Arsch, und er, der von all
den flachen Händen verprügelt wurde, versuchte, ihnen
zu entkommen, wobei er dauernd furzte und seine Fackel anpustete.

CHOR.[184]

Groß ist dies hier, wild das Streiten,
mächtig schreitet fort der Krieg.
Schwierig ist da die Entscheidung,   1100
wenn der eine stark sich anstrengt
und der andre sich zu drehn und
fest zurückzuschlagen weiß.
Doch am selben Fleck verharrt nicht:
Einzubringen gibt es ja noch
viele andere Ideen.
Was zum Streite ihr bereit habt,
sagt es, attackiert, legt offen
Altes ebenso wie Neues,
sagt was Schlaues und Subtiles,
scheut das Risiko nur nicht!

Wenn ihr aber etwa fürchtet,
dass dem Publikum es fehlt
an der Bildung, dass es, was ihr   1110
Feines sagt, nicht recht verstehn kann,
habt nur keine Angst davor, denn

so verhält es sich nicht mehr.
Denn sie sind erfah'rne Kämpfer,
jeder hat ein Buch und kann drum
Genialität verstehn.
Sehr begabt schon von Natur aus,
sind sie nun auch noch geschliffen.
Also fürchtet gar nichts, nehmt euch,
was das Publikum betrifft, nun
alles vor, denn es ist schlau.

EURIPIDES. Und nun will ich mich direkt deinen Prologen[185] zuwenden, [1120] damit ich zuerst den ersten Abschnitt der Tragödien dieses »genialen« Mannes auf den Prüfstand stellen kann. Denn er war dunkel in der Exposition der Handlung.

DIONYSOS. Und welchen seiner Prologe willst du auf den Prüfstand stellen?

EURIPIDES. Ganz viele. *(Zu Aischylos.)* Zuerst trage mir den der *Orestie*[186] vor!

DIONYSOS. Also, es schweige jeder Mann. Trage ihn vor, Aischylos!

AISCHYLOS.

»O Hermes, Grabgott,
        der des Vaters Macht du schützt,
werd Retter mir,
        dem Flehenden, und Kampfgenoss'.
Denn ich komm heim in dieses Land
        und kehr zurück.«

DIONYSOS *(zu Euripides)*. Hast du daran etwas zu kritisieren?

EURIPIDES. Mehr als ein Dutzend Sachen.

DIONYSOS. [1130] Aber das Ganze hat nicht mehr als drei Verse.

EURIPIDES. Ja, aber jeder hat zwanzig Fehler.

DIONYSOS. Aischylos, ich rate dir zu schweigen. Wenn du es nicht tust, wird sich zeigen, dass du für mehr als drei jambische Verse büßen musst.

AISCHYLOS. *Ich* soll gegenüber *dem da* schweigen?

DIONYSOS. Ja, wenn du auf mich hörst.

EURIPIDES. Gleich zu Anfang machte er einen himmelgroßen Fehler.

AISCHYLOS *(zu Dionysos)*. Siehst du, was für einen Blödsinn du redest? *(Dionysos gibt ihm durch eine Geste zu verstehen, dass er still sein soll.)* Nein, das ist mir mehr als egal. *(Zu Euripides.)* Wie, sagst du, habe ich einen Fehler gemacht?

EURIPIDES. Trage noch einmal von Anfang an vor.

AISCHYLOS.

>O Hermes, Grabgott,
　　　　der des Vaters Macht[187] du schützt ...«

EURIPIDES. Sagt Orest das nicht am Grabmal [1140] seines toten Vaters?

AISCHYLOS. Genau so ist es.

EURIPIDES. Hat er also gesagt, dass Hermes, als sein Vater gewaltsam von der Hand einer Frau durch heimliche List starb, dabei »schützte«?

AISCHYLOS. Natürlich nicht, sondern er redete den Hermes Eriunios[188] als »Grabgott« an, und mit seinen Worten wollte er deutlich machen, dass er dieses Amt vom Vater her besitzt.[189]

EURIPIDES. Du hast einen noch größeren Fehler gemacht, als ich gewünscht hätte. Denn wenn er das Amt des Grabgottes vom Vater hat –

DIONYSOS. So wäre er ja vom Vater her ein Grabräuber![190]

AISCHYLOS. [1150] Dionysos, du trinkst einen Wein, der nicht das beste Bukett hat.

DIONYSOS. Trage ihm einen anderen Abschnitt vor. *(Zu Euripides.)* Du aber pass auf den Fehler auf!

AISCHYLOS.

>– werd du Mitstreiter
　　　　mir und Retter, der ich zu dir fleh.
　Denn ich komm heim in dieses Land
　　　　und kehr zurück.«

EURIPIDES. Zweimal hat uns dasselbe gesagt der weise Aischylos.

DIONYSOS. Wie meinst du, zweimal?

EURIPIDES. Betrachte den Ausdruck, und ich will es dir sagen: »Denn ich komm heim in dieses Land und kehr zurück«, sagt er. Aber Heimkommen ist dasselbe wie »ich kehr zurück«.

DIONYSOS. Ja, beim Zeus, wie wenn jemand zu einem Nachbarn sagen würde: »Leih mir einen Backtrog oder, wenn du das lieber willst, eine Backmulde!«

AISCHYLOS. [1160] Natürlich ist dies, du Oberschwätzer, keinesfalls dasselbe, und mein Vers ist perfekt in der Wortwahl.

DIONYSOS. Wieso? Belehre mich, was für einen Grund du hast, das zu sagen.

AISCHYLOS. Heimkommen in ein Land kann jeder, der eine Heimat hat. Denn er ist dann ohne einen anderen widrigen Umstand heimgekommen. Aber ein aus der Heimat vertriebener Mann kommt heim und kehrt zurück.

DIONYSOS. Gut, beim Apollon! Was sagst du nun, Euripides?

EURIPIDES. Ich sage, dass Orest nicht nach Hause zurückkam. Denn er kam heimlich, ohne die Träger der Staatsgewalt dazu gebracht zu haben, zuzustimmen.

DIONYSOS. Gut, beim Hermes! Aber ich verstehe nicht, was du da sagst.

EURIPIDES. [1170] *(zu Aischylos.)* Fahre fort mit einem anderen Abschnitt.

DIONYSOS. Los, Aischylos, fahre fort, mach schon! *(Zu Euripides.)* Du aber schau auf den Fehler.

AISCHYLOS.
»Auf diesem Grabeshügel heiß den Vater ich
nun hören, lauschen.«

EURIPIDES. Schon wieder etwas, was er zweimal sagt, »hören, lauschen«, das ist ganz offensichtlich dasselbe.

DIONYSOS. Er hat doch zu den Toten gesprochen, du elender Trottel, zu denen wir nicht einmal dann durchdringen, wenn wir etwas dreimal zu ihnen sagen. Aber wie hast nun *du* deine Prologe gestaltet?

EURIPIDES. Ich will es dir zeigen. Und wenn ich irgendwo dasselbe zweimal sage oder du darin ein Füllwort siehst, das nicht zum Gedanken gehört, dann spuck mich an!

DIONYSOS. [1180] Also los, trage einen vor! Ich muss unbedingt auf die Exaktheit der Worte deiner Prologe lauschen.

EURIPIDES.[191]

»Zuerst noch war ein Mann des Glückes Ödipus –«

AISCHYLOS. Nein, beim Zeus, das war er nicht, sondern ein Mann des Unglücks von Geburt an, von dem doch, bevor er geboren wurde, Apollon sagte, er werde seinen Vater töten, ja sogar, noch bevor er überhaupt empfangen worden war. Wie war er also »zuerst noch ein Mann des Glückes«?

EURIPIDES.

»– ward dann jedoch der Elendste der Sterblichen.«

AISCHYLOS. Nein, beim Zeus, das »ward« er nicht – er hörte ja nie auf, es zu sein. Wie denn auch? Wo sie ihn doch, sobald er geboren war, [1190] in einem Topf im Winter aussetzten, damit er nicht, wenn er aufgewachsen sein würde, zum Mörder seines Vaters werde. Dann humpelte er auf seinen zwei geschwollenen Füßen zu Polybos. Danach hat er, selbst ein junger Mann, eine Alte geheiratet, noch dazu seine eigene Mutter. Dann hat er sich die Augen ausgestochen.

DIONYSOS. Ja, der war ein Mann des Glücks, falls er Oberbefehlshaber zusammen mit Erasinides[192] war.

EURIPIDES. Du redest Unsinn. Ich schreibe gute Prologe.

AISCHYLOS. Nun, beim Zeus, ich werde nicht jeden Ausdruck Wort für Wort durchhecheln, sondern mit Hilfe der Götter [1200] mit einem Salbölfläschchen[193] deine Prologe kaputtmachen.

EURIPIDES. Du mit einem Salbölfläschchen meine Prologe?

AISCHYLOS. Mit einem einzigen. Du dichtest nämlich so,
dass man alles in deine jambischen Verse einfügen kann
– ein Widderfellchen oder ein Salbölfläschchen oder ein
Futtersäckchen. Ich werde es dir sofort zeigen.

EURIPIDES. Aha, du wirst es mir zeigen?

AISCHYLOS. Ja.

EURIPIDES. Also, dann muss ich zitieren:
      »Aigyptos, wie die Sage weithin wird erzählt,
      fuhr mit den fünfzig Söhnen durch der Ruder Schlag
      gen Argos hin und –«[194]

AISCHYLOS.   – ward sein Salbölfläschchen los.

DIONYSOS. Was ist denn das für ein Salbölfläschchen? Das
soll es noch bereuen! [1210] Trage ihm einen anderen Prolog vor, damit ich wieder durchblicken kann!

EURIPIDES.
      »Dionysos, der, geschmückt
                    mit Thyrsen[195] und dem Fell
      des Rehs beim Schein der Fackeln
                    auf dem Berg Parnass
      im Tanz herumspringt –«[196]

AISCHYLOS.   – ward sein Salbölfläschchen los.

DIONYSOS. O weh, schon wieder hat uns die Salbölflasche
getroffen!

EURIPIDES. Das wird keine Rolle spielen. An diesen Prolog
hier wird er nämlich keine Salbölflasche dranhängen
können.
      »Es gibt nicht einen Mann, der gänzlich glücklich ist.
      Von Adel, aber arm ist einer, ahnenlos
      Ein andrer, doch er –«[197]

AISCHYLOS.   – ward sein Salbölfläschchen los.

DIONYSOS. [1220] Euripides!

EURIPIDES. Ja, was ist denn?

DIONYSOS. Ich meine, du solltest nachgeben. Denn dieses
Salbölfläschchen wird einen starken Geruch verbrei-
ten.

EURIPIDES. Aber deshalb, bei Demeter, brauche ich mir ge-

wiss keine Sorgen zu machen. Denn jetzt wird es ihm
aus der Hand geschlagen werden.

DIONYSOS. Also los, trage einen anderen vor und nimm
dich vor der Salbölflasche in Acht!

EURIPIDES.

> »Der Sohn Agenors, Kadmos, der einst Sidons Stadt
> verlassen hatte –«[198]

AISCHYLOS.   – ward sein Salbölfläschchen los.

DIONYSOS. Mein lieber Mann, kauf ihm die Salbölflasche
ab, damit sie nicht alle unsere Prologe zermalmt.

EURIPIDES. Was? Ich soll sie ihm abkaufen?

DIONYSOS. Ja, wenn du auf mich hörst.

EURIPIDES. [1230] Keineswegs. Denn ich kann noch viele
Prologe zitieren, wo er keine wird dranhängen können.

> »Der Tantalide Pelops, der nach Pisa kam
> mit schnellen Rossen –«[199]

AISCHYLOS.   – ward sein Salbölfläschchen los.

DIONYSOS. Siehst du? Er hat die Salbölflasche wieder dran-
gehängt. Also, mein Bester, kauf sie auch jetzt noch unbedingt! Denn du wirst für einen Obolos eine ganz
schöne und gute bekommen.

EURIPIDES. Nein, beim Zeus, noch nicht. Denn ich habe
noch viele.

> »Oineus, vom Land einst –«

AISCHYLOS.   – ward sein Salbölfläschchen los.

EURIPIDES. Lass mich erst den ganzen Vers sagen.

> »Oineus, vom Land einst
> reichlich erntend, opfernd dann   1240
> die Erstlingsfrüchte –«[200]

AISCHYLOS.   – ward sein Salbölfläschchen los.

DIONYSOS. Mitten im Opfer? Und wer nahm es weg?

EURIPIDES. Lass nur, mein Lieber. Auf das hier soll er antworten:

> »Zeus, wie verkündet wurde
> von der Wahrheit selbst –«[201]

DIONYSOS. Du bringst mich noch um! Denn er wird sagen:

»ward sein Salbölfläschchen los«. Dieses Salbölfläschchen wächst ja auf deinen Prologen wie die Gerstenkör-
ner auf den Augen wachsen. Also, bei den Göttern,
wende dich seinen Liedern zu.

EURIPIDES. Ja, und ich habe wahrhaftig etwas, womit ich
beweisen kann, dass er ein schlechter [1250] Liederdichter
ist und dass er immer dasselbe gedichtet hat.

CHOR.[202]

> Was nur wird denn wohl nun geschehn?
> Denken kann ich mir nämlich nicht,
> was für Kritik er denn üben wird
> an dem Mann, der die meisten von
> den Gesängen geschrieben hat
> und die schönsten bis heute.
> Wissen möchte ich nämlich, wie
> er denn wohl kritisiern wird
> diesen bakchischen Herrn hier[203],
> und ich fürchte für ihn jetzt.   1260

EURIPIDES *(ironisch)*. Ja, in der Tat ganz wunderbare Lieder! Das wird sich rasch zeigen. Denn ich werde alle seine Lieder auf ein einziges zusammenschneiden.

DIONYSOS. Und ich werde sie zählen mit ein paar von den
Steinchen hier. *(Nimmt einige vom Boden auf.)*

EURIPIDES *(singt, von einer Flöte begleitet).*[204]

> Achill aus Phthia, warum, wo du doch
>   vernimmst das männermordende –
> ach! – Schlagen, eilst nicht du zu Hilfe?
> Wir, das Seeküstenvolk,
>   verehren als Urahnen Hermes –
> ach! – Schlagen, eilst nicht du zu Hilfe?

DIONYSOS *(wirft zwei Steinchen weg)*. Das sind zwei Schläge gegen dich, Aischylos.

EURIPIDES.

> Ruhmreichster du der Achaier, vielherrschender
>   Atreussohn, vernimm mich –   1270
> ach! – Schlagen, eilst nicht du zu Hilfe?

DIONYSOS *(wirft noch ein Steinchen weg)*. Das, Aischylos,
war der dritte Schlag gegen dich.

EURIPIDES.

Schweigt, die die Bienen warten[205]
           sind nah, den Artemistempel zu öffnen –
ach! – Schlagen, eilst nicht du zu Hilfe?
Stark, das Zeichen zu künden,
           das Männer auf Fahrt brachte, bin ich –
ach! – Schlagen, eilst nicht du zu Hilfe?

DIONYSOS. König Zeus, welche Menge von Schlägen! Ich
will jetzt ins Bad gehen, [1280] denn von den Schlägen habe ich geschwollene – Nieren.[206]

EURIPIDES. Nicht bevor du eine andere Liedersammlung
gehört hast, die aus Lyraweisen gemacht ist.

DIONYSOS. Also los, mach weiter, aber füg kein Schlagen
hinzu!

EURIPIDES *(singt.)*[207]

Wie der Achaier doppelthronige Macht[208],
           der Jugend von Hellas –
(phlattothrattophlattothrat)
Sphinx, die Hündin, der Unglückstage
           Herrscherin, sendet –
(phlattothrattophlattothrat)
mit der rächenden Hand und dem Speer
           der stürmende Vogel –
(phlattothrattophlattothrat)   1290
der übergab sie den grimmen,
           luftdurchwandelnden Hunden –
(phlattothrattophlattothrat)
was dichtgedrängt um Aias ist –
(phlattothrattophlattothrat).

DIONYSOS *(zu Aischylos)*. Was ist denn dieses »phlatto-
thrat«? Hast du Brunnenseildreherlieder aus Marathon[209]
zusammengesammelt oder woher?

AISCHYLOS. Nun, ich holte sie zu einem guten Zweck aus
guter Quelle, damit es nicht aussähe, als ob ich dieselbe

[1300] heilige Wiese der Musen abpflücke wie Phrynichos.[210] Der da holt seinen »Honig« aus allen Quellen,
Hurenliedern, Trinkliedern des Meletos[211], karischen
Flötenmelodien, Klageliedern und Tänzen. Das soll so-
gleich verdeutlicht werden. Es bringe jemand mein Ly-
ralein. Indes – was braucht es eine Lyra dafür? Wo ist
sie, die mit Topfscherben klappert? Hierher, Muse des
Euripides, zu deren Begleitung das Singen dieser Lieder
genau passt.
*(Eine hässliche alte, wie eine Prostituierte gekleidete Frau
erscheint, die Topfscherben als Kastagnetten benutzt.)*

DIONYSOS. Diese Muse hier hat einst ... nein, sie hat es nie
lesbisch gemacht.[212]

AISCHYLOS *(singt).*[213]

 Eisvögel, die an immerflutenden
 Meereswogen ihr tschilpt,   1310
 und die Haut eurer Flügel netzt
 und mit Wassertropfen betaut.
 Ihr auch unterm Dach in Winkeln, die ihr
 w-i-i-i-i-i-i-ndet mit den Fingern, ihr Spinnen,
 über den Webstuhl gespannte Fäden,
 singenden Schiffchens Übung,
 wo der Delphin sich, der flötenliebende,
 an den dunkelschnäb'ligen Bugen
 tummelte hin zu Orakeln und Rennbahnen,
 Wonne der Blüte des Weinstocks,   1320
 mühsalendende Ranke der Traube –
 wirf deine Arme, mein Kind, um mich.
 Siehst du diesen Fuß?[214]

DIONYSOS.   Ich sehe ihn.

AISCHYLOS. Wie nun? Siehst du den?

DIONYSOS.   Ich sehe ihn.

AISCHYLOS *(zu Euripides).*

 So etwas dichtest du,
 und wagst es, meine Lieder zu tadeln,
 der du mit den zwölf Künsten

Kyrenes[215] deine Lieder dichtest.
(Die alte Frau geht ab.)
So viel zu deinen Chorliedern. Ich will mir aber noch
[1330] die Machart deiner Monodien vornehmen.
(Singt wieder.)[216]

    O finster leuchtendes Dunkel der Nacht,
    welch schrecklichen Traum schickst
    du mir, hervorgekommen vom dunklen Hades,
    mit leblosem Leben,
    der schwarzen Nacht Kind,
    schauerlich, schrecklich zu schauen,
    schwarztotengekleidet,
    Mord, Mord im Blick,
    mit riesigen Krallen?
    Auf, ihr Dienerinnen, zündet ein Licht an,
    in Krügen holt aus Flüssen das Nass,
            macht Wasser heiß,
    auf dass ich abspüle den göttlichen Traum.   1340
    O du Gott aus dem Meer!
    Da haben wir's! O weh, ihr Hausgenossen,
    seht an diese göttlichen Zeichen! Meinen Hahn
    hat mir geraubt, auf und davon nun, Glyke.
    Bergentstammte Nymphen
    und du, Mania, hilf!
    Ich Arme
    war grade beschäftigt mit meiner
    Arbeit, eine Spindel voll von Flachs
    w-i-i-i-i-ndend mit den Händen,
    ein Knäuel machend, auf dass   1350
    in der Morgendämmerung zum Markte
    ich's trag und verkaufe.
    Er aber flog hinauf, flog hinauf zum Äther
            auf federleichten Flügelspitzen,
    mir aber ließ er Schmerzen, Schmerzen zurück,
    Tränen, Tränen von meinen Augen
    vergoss, vergoss ich Arme.

      Auf, ihr Kreter[217], Kinder des Ida, die
      Bogen nehmt und kommt zu Hilfe und die
      Beine bewegt, umstellend ihr Haus.
      Und zugleich soll Diktynna[218], die schöne Maid,
      mit ihren Hündinnen
      gehen durch ihre Häuser überall.   1360
      Und du, Tochter des Zeus, die du
            emporhältst die doppelflammigen
      grell leuchtenden Fackeln mit den Händen,
      Hekate[219], leuchte mir voraus zu Glykes Haus,
      auf dass ich hineingehe und es durchsuche!

DIONYSOS. Hört jetzt beide auf mit den Liedern!

AISCHYLOS. Auch mir reicht es. Zur Waage nämlich will ich
    ihn führen; das allein wird die Wahrheit über unser beider
    Dichtung ans Licht bringen können. Denn das Gewicht
    unserer Worte wird den entscheidenden Test liefern.

DIONYSOS *(geht zu der Waage)*. Kommt jetzt hierher, wenn
    ich denn wirklich auch das tun muss, die Kunst von
    Dichtern wiegen wie ein Käsehändler.

CHOR.[220]

      Keine Müh' scheut das Genie!   1370
      Noch ein Wunder gibt es hier,
      neu und außerordentlich.
      Ausgedacht hätt sich's kein andrer.
      Hätt, bei Gott, nur irgendwer dies
      mir gesagt, dann hätte ich es
      nicht geglaubt und angenommen,
      dass er Unsinn rede.

DIONYSOS. Also los, stellt euch neben die Waagschalen.

AISCHYLOS und EURIPIDES *(tun es)*. Jawohl!

DIONYSOS. Und fasst sie, und beide tragt eure Worte vor,
   [1380] und lasst nicht los, bevor ich es euch sage, indem
    ich »Kuckuck« rufe.

AISCHYLOS und EURIPIDES *(fassen die Waagschalen)*. Wir
    halten sie!

DIONYSOS. Jetzt sprecht eure Verse hinein in die Waage!

EURIPIDES.

> »O wär das Schiff, die Argo,
>> nie geflogen durch –«[221]

AISCHYLOS.

> »Spercheiosfluss und Weiden,
>> die die Rinder nährn –«[222]

DIONYSOS. Kuckuck!

AISCHYLOS und EURIPIDES *(lassen die Waagschalen los).*
  Losgelassen!
  (Die Waagschale des Aischylos sinkt tiefer.)

DIONYSOS *(zeigt auf Aischylos).* Und viel weiter nach unten
  geht die seine!

EURIPIDES. Und was ist der Grund?

DIONYSOS. Was der Grund ist? Er hat einen Fluss hineingelegt und so seinen Vers nass gemacht wie ein Wollhänd-
  ler seine Wolle; du dagegen hast einen geflügelten Vers
  hineingelegt.

EURIPIDES. Gut, dann soll er einen anderen sagen und ihn
  gegen meinen auf die Waage legen.

DIONYSOS. [1390] Fasst also beide wieder an die Waage!

AISCHYLOS und EURIPIDES *(tun es).* Jawohl!

DIONYSOS *(zu Euripides).* Sprich!

EURIPIDES.

> »Der Überredung ist ein Tempel
>> nur geweiht: das Wort«[223]

AISCHYLOS.

> »Der Tod als einz'ger Gott
>> begehrt Geschenke nicht«[224]

DIONYSOS. Lasst los!

AISCHYLOS und EURIPIDES. Losgelassen!
  (Die Waagschale des Aischylos sinkt wieder tiefer.)

DIONYSOS. Und wieder geht seine nach unten! Denn er hat
  den Tod hineingelegt, das schwerste Übel.

EURIPIDES. Aber ich die Überredung – eine perfekt formu-
  lierte Sentenz.

DIONYSOS. Aber Überredung ist etwas Leichtgewichtiges

und hat keine Bedeutung. Also suche etwas von den
schwerwiegenden Dingen, etwas, was dir die Waagschale herabzieht, etwas Starkes und Großes.

EURIPIDES (*zu sich selbst*). Ja, wo habe ich denn so etwas,
wo?

DIONYSOS. Ich will es dir sagen:
»Es warf Achilles – zweimal Eins und eine Vier.[225]
[1401] Sprecht also, denn dies ist für euch das letzte Wie-
gen.
(*Aischylos und Euripides fassen wieder die Waage.*)

EURIPIDES.
»Mit seiner Rechten nahm
            den eisenschweren Schaft –«[226]

AISCHYLOS.
»Auf Wagen nämlich Wagen
            und auf Leiche Leich –«[227]
(*Die Waagschale des Aischylos sinkt wieder tiefer.*)

DIONYSOS (*zu Euripides*). Er hat dich auch jetzt wieder
ausgetrickst.

EURIPIDES. Auf welche Weise?

DIONYSOS. Er hat zwei Wagen hineingelegt und zwei Lei-
chen, wie sie nicht einmal hundert Ägypter heben könnten.

AISCHYLOS. Ja, und Schluss jetzt mit Vers-gegen-Vers! Auf
die Waage sollen vielmehr er, seine Kinder, seine Frau
und Kephisophon[228] gehen und dort sitzen, und er soll
alle seine Bücher mitnehmen. [1410] Ich aber will dann
nur zwei von meinen Versen zitieren.

DIONYSOS (*zu Pluton*). Die beiden Männer sind mir lieb,
und ich will nicht zwischen beiden entscheiden. Denn
mit keinem von beiden will ich verfeindet sein. Denn
den einen halte ich für weise, an dem anderen habe ich
meine Freude.

PLUTON. Dann wirst du auf keinen Fall das erreichen, weswegen du gekommen bist.

DIONYSOS. Wenn ich aber eine Entscheidung fälle?

PLUTON. Dann kannst du mit einem von beiden weggehen,
für welchen auch immer du dich entscheidest, damit du
nicht umsonst gekommen bist.

DIONYSOS. Ich wünsch dir Glück und Segen! *(Zu den beiden Dichtern.)* Nun, hört von mir dies: Ich kam herab,
um einen Dichter zu holen. Weshalb? Damit die Polis
gerettet wird und weiter ihre Chöre aufführen kann.
[1420] Wer von euch beiden also der Polis einen guten Rat
geben wird, den, so habe ich beschlossen, werde ich mit
zurücknehmen. Als erstes nun: Welche Meinung hat jeder von euch beiden über Alkibiades[229]? Denn die Polis
liegt in schweren Geburtswehen mit ihm.

AISCHYLOS. Und was für eine Meinung hat sie über ihn?

DIONYSOS. Was für eine Meinung? Sie sehnt sich nach ihm,
sie hasst ihn und sie will ihn haben. Doch sagt mir beide,
was ihr über ihn denkt.

EURIPIDES.
  Den Bürger hass ich, der dem Vaterland – das wird
  man sehn – zu nützen langsam ist,
          zu schaden schnell,
    zum eignen Vorteil schlau und nutzlos für den Staat.

DIONYSOS. [1430] Gut, beim Poseidon! *(Zu Aischylos.)* Und
was hast du für eine Meinung?

AISCHYLOS.
  Nicht aufziehn darf ein Löwenjunges man im Staat;
    doch tut man's, ist man seinen Launen untertan.

DIONYSOS. Bei dem Retter Zeus, ich kann mich schwer
entscheiden. Denn der eine hat verständig, der andere
verständlich gesprochen.[230] Doch gebt beide noch je einen Ratschlag, wie die Polis gerettet werden kann.[231]

EURIPIDES. Wenn man den Kleokritos mit Kinesias beflü-
geln[232] würde und ihn sich erheben ließe durch die Lüfte
über der Meeresfläche –

DIONYSOS. Das sähe lächerlich aus. Was ergibt es für einen
Sinn?

EURIPIDES. [1440] Sie könnten, sollten sie in einer Seeschlacht

kämpfen, wenn sie dann Krüge mit Essig dabei hätten,
diesen in die Augen der Feinde sprühen. Ich weiß und
will sagen –

DIONYSOS. Sprich!

EURIPIDES. Wenn wir für vertrauenswürdig halten, was
jetzt nicht vertrauenswürdig ist, und das, was jetzt vertrauenswürdig ist, für nicht vertrauenswürdig.

DIONYSOS. Wie? Das verstehe ich nicht. Sprich irgendwie
weniger gelehrt und klarer.

EURIPIDES. Wenn wir denjenigen unter den Bürgern, denen
wir jetzt vertrauen, nicht vertrauen und uns derer bedienen, deren wir uns jetzt nicht bedienen –

DIONYSOS. Würden wir dann gerettet werden?

EURIPIDES. Wenn es uns doch schlecht geht bei den jetzt
herrschenden Verhältnissen, [1450] warum sollten wir,
wenn wir das Gegenteil tun, nicht gerettet werden?

DIONYSOS. Sehr gut, du Palamedes[233], du Naturgenie an
Weisheit! Hast du das alles selbst herausgefunden oder
Kephisophon[234]?

EURIPIDES. Ich allein, aber die Essigkrüge stammen von
Kephisophon.

DIONYSOS *(zu Aischylos)*. Und du? Was sagst du?

AISCHYLOS. Nun, sage mir als erstes über die Polis, welcher
Leute sie sich bedient. Der Tüchtigen?

DIONYSOS. Ach, woher denn! Sie hasst sie ganz fürchterlich.

AISCHYLOS. Hat sie Freude an den Schurken?

DIONYSOS. Nein, keineswegs, aber sie bedient sich ihrer
unter Zwang.

AISCHYLOS. Wie könnte dann jemand eine solche Stadt ret-
ten, der weder ein guter Mantel noch ein zottiger Um-
hang hilft.

DIONYSOS. [1460] Finde es heraus, beim Zeus, wenn du wieder zur Erde aufsteigen willst.

AISCHYLOS. Ich werde es dir wohl dort sagen, hier aber will
ich nicht.

DIONYSOS. Nein, so nicht! Sende den Segen von hier hinauf!

AISCHYLOS. Wenn sie das Land der Feinde als das eigene
und das eigene als das des Feindes und die Flotte als ihren
Reichtum, als Armut aber ihren Reichtum betrachten.[235]

DIONYSOS. Gut – außer dass die Geschworenen alles allein
verschlingen.[236]

PLUTON. Triff bitte eine Entscheidung.

DIONYSOS *(zu den beiden Dichtern)*. Dies wird meine Entscheidung zwischen euch sein:
    »Den werd ich wählen,
        welchen meine Seele wünscht.«[237]

EURIPIDES. Erinnere dich jetzt an die Götter, bei denen du
geschworen hast, [1470] du würdest mich nach Hause
bringen, und wähle deine Freunde!

DIONYSOS.
    »Die Zunge schwor,
        ich aber wähle Aischylos.«[238]

EURIPIDES. Was hast du getan, du Verruchtester unter den
Menschen?

DIONYSOS. Ich? Ich habe entschieden, dass Aischylos der
Sieger ist. Warum auch nicht?

EURIPIDES. Eine ganz und gar schändliche Tat hast du getan und kannst mir in die Augen blicken?

DIONYSOS.
    »Was ist denn schändlich,
        scheint's dem Publikum nicht so?«[239]

EURIPIDES. Du Ruchloser, willst du wirklich zulassen, dass
ich tot bin?

DIONYSOS.
    »Wer weiß, ob Leben nicht in Wahrheit Sterben ist«
und Atmen Essen und Schlafen eine Wolldecke?[240]
*(Euripides bricht auf dem Ekkyklema zusammen und
wird ins Haus gerollt.)*

PLUTON. Geht nun hinein, Dionysos!

DIONYSOS. Warum?

PLUTON. [1480] Damit ich euch beide bewirte, bevor ihr ab-
reist.

DIONYSOS. Das ist ein gutes Wort, beim Zeus. Dagegen ha-
  be ich nämlich nichts.
  (Alle drei ab ins Haus.)
CHOR.[241]
>   Glücklich ist gewiss der Mann,
>   dessen Geist voll Scharfsinn ist.
>   Dies kann man bei vielen sehn:
>   Dieser, als gewitzt beurteilt,
>   geht zurück nach Hause wieder,
>   für die Bürger dort zum Guten
>   und zum Guten für die eignen
>   Freunde und für die Verwandten,
>   weil er voll Verstand ist.   1490

>   Sitzend neben Sokrates[242]
>   rumzuschwatzen, abzuschwörn
>   Musenkünsten und, was der
>   Tragiker an Großem leistet,
>   zu missachten, ist nicht schön.
>   Bei erhabenem Gerede
>   und haarspalterischem Humbug
>   müßig zu verweilen – sowas
>   macht nur ein Verrückter.
>   *(Pluton kommt mit Persephone, Aischylos, Dionysos
>   und Xanthias aus dem Haus).*
PLUTON.[243]
>   Mit Glück zieh los, o Aischylos,   1500
>   und unsere Polis errette du
>   mit gutem Rat und die Törichten
>   erziehe; es gibt ja viele davon.
>   *(Gibt ihm ein Schwert.)*[244]
>   Und dies hier nimm, und Kleophon[245] gib's,
>   *(Gibt ihm Stricke.)*
>   und den Steuerbeamten, dem Myrmex und
>   dem Nikomachos auch, gib diese hier,
>   *(Gibt ihm Mörser und Stößel für Schierling.)*

dem Archenomos das! Und sag ihnen dies:
Sie sollen zu mir schnell kommen hierher
ganz ohne Verzug, und wenn sie nicht schnell
herkommen, dann werd ich sie, beim Apoll,   1510
gebrandmarkt und gefesselt dazu
mitsamt Adeimantos, Leukolophos' Sohn,
schnell senden unter die Erde.

AISCHYLOS.
Das werde ich tun. Doch du übergib
dem Sophokles meinen Stuhl, dass er
ihn bewahre und hüte, falls jemals zurück
hierher ich komme. Denn ihm weis ich zu
den zweiten Platz in unserer Kunst.
Und denke daran, dass dieser Mann,   1520
der Halunke und Kasper und Lügenbold,
nie sitzen darf auf meinem Stuhl,
und das nicht einmal durch Zufall.

PLUTON. (*zum Chor.*)
Ihr also lasst leuchten für diesen hier
die heiligen Fackeln; geleitet ihn dann
auf seinem Weg und besingt ihn dabei
mit seinen Liedern und Weisen.

CHOR.[246]
Wenn er ans Licht steigt, gewährt,
          eine gute Reise dem Dichter,
der von uns scheidet, ihr Götter
          tief unter der Erde; gewährt auch
gute Gedanken der Polis,
          die großen Segen ihr bringen.   1530
Denn so könnten wir uns
          von großen Leiden befreien,
und von schlimmen Gefechten in Waffen.
          Kleophon aber –
und jeder andre, der will –,
          der kämpfe auf heimischen Feldern.[247]

Anhang

Anmerkungen

Vorbemerkung: Namen von Personen, über die wenig oder nichts bekannt ist, werden nicht erläutert.

1 Bis einschließlich V. 22 erleben wir Metatheater: Die beiden Schauspieler unterhalten sich über billige Komödienwitze.

2 Die drei Genannten waren zeitgenössische Komödiendichter in Athen; ihre Stücke sind verloren.

3 Scherzhaft statt »Sohn des Zeus«, weil »Dionysos« auch metonymisch »Wein« bedeuten kann.

4 Bei den Arginusen (vgl. Nachwort S. 99). Weil dort jeder Mann benötigt wurde, durften Sklaven mitkämpfen und wurden mit der Freilassung belohnt. Wenn Xanthias also dabei gewesen wäre, müsste er jetzt nicht Dionysos dienen.

5 Kentauren sind Fabelwesen, oben Mensch, unten Pferd. Sie können, wie Herakles aus eigener Erfahrung weiß, sehr gewalttätig sein.

6 Ein gelb gefärbtes langes Gewand trugen normalerweise nur Frauen, aber der Weingott pflegte in solcher Kleidung bildlich dargestellt zu werden.

7 Kleisthenes, hier offensichtlich der Kapitän einer Triere, eines Kriegsschiffs mit drei Ruderbänken übereinander auf jeder Seite. Diesen Namen trägt bei Aristophanes mehrfach ein effeminierter Mann, der in mann-männlichen Sexualbeziehungen den passiven Part übernimmt. Dazu passt, dass *epebáteuon Kleisthénei* auch »ich bestieg den Kleisthenes« bedeuten kann. Dementsprechend kann »zur See kämpfen« Metapher für den Vollzug des Geschlechtsakts sein.

8 Das hätte Dionysos nach Meinung des Xanthias als nächstes sagen sollen, da, was er erzählt, nur im Traum hätte geschehen können.

9 Eine (verlorene) Tragödie des Euripides von 412 v. Chr.

10 Er soll ein sehr groß gewachsener Schauspieler gewesen sein. Vielleicht trug er den Spitznamen »Zwerg«.

11 Dionysos und Herakles sind beide Söhne des Zeus.

12 Herakles wurde in der griechischen Komödie immer wieder als sehr gefräßig dargestellt.

13 Der Gott zitiert einen halben Vers aus der (verlorenen) *Hypsipyle*, einer Tragödie des Euripides.

14 Ein (hier metrisch übersetzter) Vers aus dem (verlorenen) *Oineus* des Euripides.

15 Sein Vater war der Tragödiendichter Sophokles (496–406 v. Chr.), von dem offenbar behauptet wurde, er helfe dem Sohn bei der Abfassung seiner Tragödien.

16 Zeitgenössischer Tragödiendichter, der bald nach 408 v. Chr. Athen verließ und an den Hof des Königs Archelaos von Makedonien ging.

17 Man kann auch verstehen »ersehnt von seinen Liebhabern«. Agathon übernahm den *Thesmophoriazusen* des Aristophanes zufolge (V. 35 ff.) in mann-männlichen Sexualbeziehungen den passiven Part.

18 Die ersten drei Buchstaben von *makárōn* (»der Seligen«) lassen *Makedónōn* erwarten, aber dann wird damit gespielt, dass man sich im Athen des Aristophanes die Gelage der Makedonen ähnlich üppig vorstellte wie auf den Inseln der Seligen, dem Paradies des griechisch-römischen Mythos.

19 Wie Pythangelos im übernächsten Vers ein Tragödiendichter, dessen Stücke verloren sind.

20 Ein *stádion*, etwa 185 Meter, war die Länge der Rennbahn in Olympia.

21 Formulierung aus der (verlorenen) *Alkmene* des Euripides. Das Zwitschern der Schwalben stand sprichwörtlich für leeres Gerede.

22 Der Chor, der sich aus Bürgern Athens zusammensetzte, wurde den Tragödien- und Komödiendichtern von dem zuständigen Beamten der Polis zugewiesen.

23 Je ein Zitat aus den Euripides-Stücken *Weise Melanippe* (hier leicht verballhornt, da im Original nicht »Schlafgemach«, sondern »Wohnsitz« steht) und *Alexandros* sowie eine ungeschickte Paraphrase von *Hippolytos* 612: »Meine Zunge schwor, mein Herz aber ist frei vom Schwur«; vgl. V. 1471 und Nachwort S. 108.

24 Der Halbvers dürfte aus der *Andromeda* des Euripides stammen und bedeutet: »Rede mir nicht ein, was meine Meinung ist!«

25 Vgl. Anm. 12.

26 Der dafür erforderliche Gang in die Unterwelt, den nun auch Dionysos wagen will, ist die letzte der zwölf Taten, die Herakles dem Mythos zufolge vollbracht hat.

27 Und damit beginnt ein weiter nach oben fortschreitendes Erstarren der Glieder, das schließlich zum Tode führt.

28 Im antiken Athen der Stadtteil der Töpfer, vor dessen Tor sich der Friedhof befand.

29 Rituelle Fackelläufe fanden in Athen zu Ehren der Athene und anderer Götter statt.

30 Charon, der Fährmann in der Unterwelt.

31 Dionysos denkt wohl in erster Linie an die zwei Obolen Eintrittspreis für das Theater, die dem Zuschauer die »Macht« verleihen, ihr Urteil über ein Stück zu artikulieren und so die Jury zu beeinflussen, die über die Rangordnung beim Dramenwettbewerb entscheidet.

32 Ebenfalls ein Unterweltsbesucher, war er offenbar als König von Athen am besten geeignet, den bekannten Preis im Hades einzuführen.

33 Gemeint ist das Geld, das ein sich prostituierender Knabe von seinem Kunden als Vorauszahlung bekommen hat.

34 Zeitgenössischer Autor von (verlorenen) Tragödien.

35 Offenbar von dem Dichter Kinesias komponiert und einstudiert, dürfte er am großen Fest der Polis, den Panathenäen, aufgeführt worden sein. Kinesias war besonders als Dichter von Dithyramben bekannt, die Aristophanes in den *Vögeln* (1372 ff.) und in den *Fröschen* (1437 f.) als »abgehoben« verspottete.

36 Gemeint ist der Mysterienkult zu Ehren von Demeter, der Göttin des Ackerbaus, ihrer Tochter Persephone und Iakchos (Dionysos) in Eleusis bei Athen.

37 Wie Esel den nach Eleusis zur Feier der Mysterien ziehenden Athenern als Tragtiere dienten, so trägt Xanthias das Gepäck des Dionysos.

38 Pluton herrscht zusammen mit seiner Frau Persephone über die Unterwelt.

39 Offenbar eine nicht unbeträchtliche Summe. Denn um die Zeit, in der die *Frösche* aufgeführt wurden, verdiente ein Bauarbeiter höchstens eine Drachme pro Tag.

40 Zwei Drachmen wären zwölf Obolen.

41 Oknos, einer der Büßer im Hades, muss ständig ein Seil flechten, weil ein Esel immer wieder das auffrisst, was er gerade geflochten hat.

42 Südlichste Spitze der Peloponnes, wo sich, wie man glaubte, der Eingang zur Unterwelt befand.

43 Die Verwünschung (griech. wörtl. »zu den Raben«, die am Richtplatz auf den Leichnam warten) meint Charon hier als

solche, nachdem er sie in V. 187 als Zielangabe verwendet hat, aber Dionysos hört sie wieder als Zielangabe.

44 Vgl. Anm. 4.

45 Dionysos hat »ans Ruder« nicht als Aufforderung zum Rudern verstanden und sich neben das Ruder (andere Möglichkeit: auf das Ruder) gesetzt.

46 Ein dicker Bauch gehörte in der Regel zum Kostüm eines Komödienschauspielers.

47 Die Männer der Insel Salamis galten als gute Seeleute und besonders tüchtige Ruderer.

48 Für das Lied der Frösche, das in einen Wechselgesang mit dem rudernden Dionysos übergeht, ist das Alternieren von jambischen und trochäischen Kurzversen (z. T. mit Kretikern) charakteristisch; es untermalt die Rivalität zwischen (Neben-)Chor und Gott. Die hier vorliegende metrische Wiedergabe versucht das nachzuahmen, auch V. 217–219 (dort zweimal Dochmius und einmal Dochmius + Kretiker) sind in entsprechende deutsche Verse übertragen.

49 Auf dem mythischen Berg Nysa ist Dionysos der Sage nach geboren.

50 Die »Sümpfe«, ein Platz in Athen, auf dem zwei Dionysostempel standen.

51 Die Chytroi (»Topffest«) waren der dritte Tag der Anthesterien (»Blumenfest«), einer zu Ehren des Dionysos in Athen veranstalteten Frühlingsfeier.

52 Auf der Syrinx (Pansflöte).

53 Im Originaltext steht das von Aristophanes geprägte lautmalerische Wort *pompholygopaphlásmasin*.

54 Ein, wie man glaubte, von der Unterweltsgöttin Hekate geschicktes Gespenst.

55 Normalerweise verheißt der Priester dem Gott für den Fall, dass dieser seine Bitte erhört, Opferfleisch, hier dagegen will der Gott gerettet werden, um an einem Trinkgelage, das der Priester veranstaltet, teilnehmen zu können. Aus Dionysos spricht überdies der Schauspieler, der auf den Sieg der Komödie im Wettbewerb und das anschließende Festessen hofft.

56 Das nicht nachahmbare Wortspiel des Originaltextes – es fußt wie hier auf der falschen Aussprache eines Wortes – ist durch das mit *leise/Läuse* ersetzt (Kock, Kommentar z. St.). Mit Hegelochos ist ein Schauspieler gemeint, der während der Aufführung von Euripides' *Orestes* bei der Wiedergabe von V. 279

(»Aus stürmischen Wogen heraus sehe ich wieder Meeresruhe«)
statt *galén'* (»Meeresruhe«) *galên* (»ein Wiesel«) gesagt haben
soll.

57 Vgl. V. 100 und dazu Anm. 23.

58 Vgl. Anm. 36.

59 Diagoras von Melos (2. H. 5. Jh.), ein atheistischer Philosoph,
wird hier offenbar als Komponist genannt, womit Aristophanes
vielleicht bezweckt, dass man seinen Hymnos nicht als Profani-
sierung der Mysterien, sondern als Diagoras-Parodie begriff.

60 Die Parodos (V. 316–459) beginnt mit einem an Iakchos gerichteten Hymnos (V. 325–336 sind metrisch identisch mit V. 342–
353) in Metren, die im Deutschen nicht nachzuahmen und daher hier in freie Rhythmen übertragen sind.

61 Die drei Göttinnen der Anmut.

62 Vgl. Anm. 36.

63 Gerade wird also ein Schwein geopfert. Da *choírea kréa*
(»Schweinefleisch«) auch »Vagina« und *chordé* (»Wurst«) auch
»Penis« bedeuten kann, wünscht Xanthias sich Sex mit einer
Mystin, und Dionysos eröffnet ihm die Möglichkeit der Pene-
tration durch einen Mysten.

64 Die nun folgende Proklamation des Chorführers (V. 354–371),
wie sie auch Teil des Mysterienrituals war, erfolgt in anapästischen Tetrametern, die im Deutschen entsprechend wiedergegeben sind.

65 Aristophanes setzt hier seinen älteren Kollegen im Bereich der
Komödie mit dem Theatergott Dionysos gleich, der in einem
der zu seinen Ehren veranstalteten Mysterienkulte den Beina-
men »Stiervertilger« trug. Die Gleichsetzung ist somit eine Ehre, impliziert aber, da Dionysos auch der Weingott ist, versteck-
ten Spott darüber, dass Kratinos gerne trank; jedenfalls hatte er
sich 423 v. Chr. in seiner Komödie *Die Flasche* als Trinker dargestellt.

66 In Athen gab es 405 v. Chr. Spannungen zwischen denjenigen,
die nach dem oligarchischen Putsch von 411 die Demokratie
wiederhergestellt hatten, und ihren politischen Gegnern.

67 Neun Archonten (zu *árchein* »herrschen«) bildeten in Athen
ein Kollegium der höchsten Amtsträger des Stadtstaates.

68 Eine Import- und Exportsteuer, die Athen seinen Bundesge-
nossen seit 413/12 v. Chr. auferlegte.

69 Wichtiges Material zur Ausrüstung von Kriegsschiffen, das
Epidauros, verbündet mit den Athen feindlichen Stadtstaaten

der Peloponnes, natürlich nicht erhalten sollte. Von der nicht weit von Epidauros entfernten Insel Ägina, die unter der Hoheit Athens stand, konnte man leicht dorthin exportieren.

70 Kyklische Chöre sangen Dithyramben (Chorlieder zu Ehren des Dionysos). Hier ist vermutlich der zeitgenössische Dithyrambendichter Kinesias gemeint.

71 Vgl. Anm. 54.

72 Offenbar bekamen die Dramatiker, deren Stücke vom zuständigen Beamten für die Aufführung innerhalb eines dramatischen Wettbewerbs (vgl. Nachwort S. 101) ausgewählt wurden, eine Art Gage.

73 Verspottung von Personen des öffentlichen Lebens war ein fester Bestandteil der Komödie zur Zeit des Aristophanes. In den *Fröschen* spielt dieses Element jedoch eine untergeordnete Rolle.

74 Zwei Strophen in anapästischen Kurzversen, die im Original fast nur aus Spondeen bestehen; dem entspricht die Wiedergabe. Bei den darauffolgenden zwei Versen handelt es sich wieder um anapästische Tetrameter.

75 Normalerweise wird Athene, die Stadtgöttin, so genannt, aber hier ist vermutlich Persephone gemeint.

76 Von hier bis V. 447 ist das Metrum durchgehend jambisch, zunächst in den an die Gottheit gerichteten Strophen (385–388 = 389–393 [darauf folgt in 394–397 der Chorführer]; 398–403 = 404–408 = 409–413), dann in den kurzen Randbemerkungen des Dionysos und des Xanthias (414 f.), den Spottliedern und dem anschließenden Dialog Dionysos/Chorführer sowie der Randbemerkung des Xanthias (416–418 = 419–421 usw. bis 434–436 = 437–439); die deutsche Wiedergabe lehnt sich so eng wie möglich daran an.

77 Als Pilger zieht Iakchos mit den Eingeweihten nach Eleusis.

78 In den folgenden drei Strophen (V. 398–413) entsteht komische Spannung dadurch, dass sich die Chorsänger gleichzeitig in ihrer Rolle als eleusinische Geweihte und als die realen Sänger auf der Bühne vernehmen lassen. Für die kultischen Voraussetzungen der damit verbundenen Anspielungen möge man die gelehrten Kommentare einsehen (s. Literaturhinweise).

79 Ein im Deutschen nicht nachahmbares Wortspiel mit *phrastéres* (die Zähne, die man mit etwa sieben bekommt) und *phráteres*, den Mitgliedern einer Phratrie, d. h. einer der religiösen Gilden, denen nur Vollbürger Athens angehörten. Archedemos hatte also offenbar sieben Jahre auf das Bürgerrecht warten müssen.

80 Die Erdbewohner aus der Sicht der Unterwelt.

81 Der Anus des Kleisthenes, hier Pars pro Toto mit ihm gleichge-
setzt, artikuliert seinen Liebeskummer – nach vorne gebeugt
(V. 425), hofft er gerade offenbar vergeblich auf Penetration
durch einen Mann mit großem, erigiertem Glied (der deutsche
Name für diesen ist ein Versuch der Wiedergabe des Namens
im Originaltext) – mit Trauergesten, die aber hier nicht im Zer-
kratzen der Wangen, sondern der Afterbacken sowie deren Depilation besteht. Als Ort passt der Friedhof gut, da dort sowohl
Totenklage als auch sexuelle Handlungen stattfanden.

82 Der Vater des Kallias, eines sehr reichen Atheners, hieß in
Wirklichkeit Hipponikos. Die genaue Bedeutung von V. 430 ist
umstritten. Jedenfalls wird für den Koitus das Bild einer Seeschlacht verwendet, und das Löwenfell, das ja Herakles trägt,
sollte wohl »Berufskleidung« eines besonders potenten Frauen-
liebhabers sein.

83 Der Originalvers kann im Deutschen nicht adäquat wiedergegeben werden. Xanthias will einerseits sagen, das mit dem Tragen des Gepäcks sei das alte Lied, andererseits bringt er, da dazu auch eine Decke für die Übernachtung gehörte, das gern
verwendete Wortspiel mit *Korínthioi* (»Korinther«) und *kóreis*
(»Wanzen«) ins Spiel.

84 In den beiden Strophen folgt auf zwei jambische Verse dreimal
ein Telesilleion ($\times-\cup\cup-\cup-$) und ein Reizianum ($\times-\cup\cup-\cup$).

85 Schicksalsgöttinnen.

86 Im Mythos einer der drei Unterweltsrichter, fungiert er hier als
Sklave Plutons.

87 Da in V. 470–478 besonders ausgiebig die Tragödiensprache parodiert wird, sind die jambischen Trimeter metrisch wiedergegeben.

88 Ein Unterweltsfluss.

89 Über den Fluss Acheron müssen die Toten, um in den Hades
zu gelangen (in den *Fröschen* ist es ein See); der acherontische
Stein dürfte Erfindung des Aristophanes sein.

90 Der Strom des Wehklagens in der Unterwelt.

91 Halb Mädchen, halb Schlange, ist die Echidna Mutter u. a. des
Kerberos.

92 Man würde »Tartaros«, den Ort der Büßer im Hades, erwarten,
aber Tartessos (südwestlich von Spanien) war berühmt für seine
Fische.

93 Gau in Attika, dessen Frauen vielleicht als hässlich galten – das

sind im Mythos auch die Gorgonen, deren Blick den sie Anse-
henden versteinert –, aber auch wieder Anklang an Tartaros.

94 Der ängstliche Gott fordert den Sklaven auf, einen Gott zu
Hilfe zu rufen!

95 Offenbar versuchte man mit kaltem Wasser starkes Herzklop-
fen zu beruhigen.

96 Vermutlich Kallias, der ein Haus im Gebiet von Melite besaß
und V. 430 zufolge beim Sex ein Löwenfell trug (vgl. Anm. 82).

97 Depilation des weiblichen Schambereiches wurde zur Erhö-
hung der erotischen Attraktivität vorgenommen.

98 Trochäische Dimeter im Griechischen wie im Deutschen.

99 Einer der führenden Politiker in den letzten Jahren des Peloponnesischen Krieges; er galt als Opportunist.

100 Gemeint sind die vorderen Zähne.

101 Er und Hyperbolos waren einflussreiche und in den Stücken
des Aristophanes mehrfach attackierte Demagogen, die zur
Zeit der Aufführung der *Frösche* nicht mehr lebten.

102 Felsabgrund bei Athen, in den Hingerichtete geworfen wurden.

103 Versmaß wie bei 534–541 = 542–548 (vgl. Anm. 98).

104 Die Aussage eines Sklaven war nur rechtskräftig, wenn er ge-
foltert worden war.

105 Offenbar Anspielung auf einen *rite de passage*, bei dem Knaben symbolisch geschlagen wurden.

106 Als Entschädigung für den Besitzer des Sklaven.

107 Er meint offensichtlich Aiakos.

108 So ein Schlag kann Staub aufwirbeln, der in die Nase geht.

109 Attischer Gau mit einem Heraklesheiligtum. Xanthias tut so,
als denke er mit Schmerzen daran, dass das Fest zu Ehren des
Gottes länger nicht mehr stattgefunden hat.

110 Ritter, die zu Pferd an einer Festparade teilnahmen, erregten
offenbar das Staunen der Zuschauer.

111 Verfasser von Jamben (Schmähgedichten) aus Ephesos (Mitte
6. Jh. v. Chr.)

112 Dionysos lässt seinen Schmerzensruf »Poseidon!« in das Singen von Versen in einem (offenbar überwiegend trochäischen)
Lied aus der (verlorenen) Tragödie *Laokoon* des Sophokles
übergehen.

113 Persephone.

114 Hier beginnt die Parabase (vgl. Nachwort S. 100), die aus Ode
(V. 674–685), Epirrhema (V. 686–705), Antode (V. 706–717)

und Antepirrhema (V. 718–737) besteht. Den Rhythmus von Ode und Antode – Daktylen mit eingelegten trochäischen Kurzversen sowie Anapästen am Ende – versucht die Übersetzung möglichst genau nachzumachen.

115 Das Publikum im Theater, wo rund 15 000 Menschen Platz hatten.

116 Mächtiger Demagoge und Kriegstreiber in Athen seit 410 v. Chr.; angeblich Sohn einer Thrakerin, weswegen sein lautes Auftreten hier als zweisprachig und doppelzüngig zugleich karikiert wird.

117 Der Chor, der Kleophon sich selbst den Tod prophezeien lässt, fügt hinzu, dass selbst dann, wenn in einem Prozess gegen den Demagogen durch Stimmengleichheit Freispruch erwirkt wird, dieser mit seinem baldigen Ende rechnen müsse.

118 Katalektische trochäische Tetrameter im Griechischen wie im Deutschen.

119 Offensichtlich tritt der Chor dafür ein, dass die Teilnehmer am oligarchischen Putsch des Jahres 411 v. Chr. – einer ihrer Anführer war Phrynichos –, denen nach der Wiederherstellung der Demokratie im Sommer 410 ihre Bürgerrechte ganz oder partiell entzogen worden waren, diese zurückerhalten sollten.

120 Das Bürgerrecht, das Sklaven für ihre Teilnahme an der Seeschlacht bei den Arginusen erhielten (vgl. Anm. 4), bekamen auch die Bewohner von Plataia nach der Zerstörung ihrer mit Athen eng verbündeten Polis durch die Spartaner 427 v. Chr.

121 Zitat aus einem Gedicht des Archilochos (Mitte 7. Jh. v. Chr.).

122 Zitat aus einer Tragödie des Ion von Chios (ca. 490–422 v. Chr.).

123 Offenbar ein Politiker auf der Seite Kleophons (Anm. 116) und wie dieser an der Fortsetzung des Krieges interessiert.

124 Eine der Inseln in der Ägäis, die Walkererde lieferte, einen weißen Ton, der u. a. zum Waschen von Kleidern verwendet wurde.

125 Da die Athener nach der Eroberung ihrer Silbermine in Laurion durch die Spartaner 413 v. Chr. kein Silbergeld mehr prägen konnten und die 407 durch Einschmelzen von Statuen hergestellte Goldmünze einen zu hohen Metallwert hatte, wurden von 407 an versilberte Kupfermünzen geprägt.

126 Die Ringschule, ein wichtiger Ort der Knabenerziehung.

127 Delinquenten, die in Athen und anderen Städten jährlich im Mai am Thargelienfest im Rahmen eines Reinigungsrituals öffentlich verprügelt und aus der Stadt getrieben wurden.

128 Es soll ein Sprichwort gegeben haben, dem zufolge es tröstlich war, an einem schönen Baum aufgehängt zu werden.

129 Gemeint ist das Erblicken der Heiligtümer am Ende des Initiationsrituals bei den eleusinischen Mysterien.

130 Im Prytaneion, dem Amtssitz der Prytanen (Ratsherren) in Athen, wurden auswärtige Gesandte und verdienstvolle Männer der Polis durch Speisung geehrt.

131 Euripides erscheint hier wie auch sonst mehrfach bei Aristophanes als Meister der Art von Rhetorik, die in der zweiten Hälfte des 5. Jh.s die Sophisten lehrten und in Vorführungen demonstrierten.

132 Am dritten Tag dieses jährlich im Herbst gefeierten Festes wurden die im jeweiligen Jahr geborenen Kinder vorgestellt. Für jedes von ihnen opferte man ein Tier, das möglichst klein sein sollte. Wenn dann aber gerufen wurde, es sei zu klein, wog man es.

133 Formkästen für Ziegel, die hier das »Hohlmaß« von Wörtern und Versen bestimmen sollen.

134 Das Chorlied besteht in Original und Übersetzung aus vier Strophen mit je drei katalektischen daktylischen Versen – die beiden ersten mit sechs, der dritte mit fünf Hebungen – und einem Lekythion (vgl. dazu Anm. 193). Es enthält Versatzstücke aus Versen des Aischylos und Euripides in Kombination mit Prägungen des Aristophanes.

135 Bühnenmaschine in Form einer hölzernen Plattform auf Rädern, die aus einer Tür der Skene herausgerollt wurde.

136 Anspielung darauf, dass die Mutter des Euripides angeblich eine Gemüsehändlerin war, und zugleich Parodie eines Euripides-Verses: »o Sohn der Meergöttin« (Frg. 885; an Achill gerichtet).

137 In mehreren Euripides-Tragödien traten Heroen auf, die ins Elend geraten waren.

138 Wahrscheinlich ein Aischylos-Zitat.

139 Als Opfer für den Windgott.

140 Für Euripides sind Monodien (»Sologesänge, Arien«) typisch, und »kretisch« nennt Aischylos sie wohl, weil in zwei der »Bettgeschichten«, auf die er anspielt, die Kreterinnen Pasiphaë und Phaidra auftreten.

141 Er sagt nicht »das Hirn«, sondern nennt eine unter den Zeit-
genossen besonders umstrittene Tragödie des Euripides.

142 Nur fragmentarisch überlieferte Tragödien des Euripides.

143 Entgegen dem herrschenden Brauch, der Reprisen von Dra-
men nicht vorsah, wurden Tragödien des Aischylos in Athen
nach seinem Tod wiederaufgeführt.

144 Das Metrum ist in Original und Übersetzung außer im letzten
Vers, einem katalektischen trochäischen Dimeter, daktylisch.

145 Da einige Figuren in Euripides' Stücken Zweifel an den olympischen Göttern äußern, sagte man dem Dichter nach, er ve-
ehre nicht diese, sondern selbst-»geprägte«.

146 V. 895–1098 sind nach dem Schema des epirrhematischen
Agons (vgl. Nachwort S. 101) gebaut. Auf eine Ode (895–904;
895 Anapäste, 896–904 trochäisch, in der Wiedergabe etwas
vereinfacht) folgt das durch den Katakeleusmos (»Aufforderung«; 905 f.) eröffnete Epirrhema in katalektischen jambischen Tetrametern, das in einen Pnigos (»Ersticken«) in jambischen Dimetern ausläuft (907–990), woran sich die metrisch
der Ode entsprechende Antode (991–1003) sowie, in anapästischen Tetrametern bzw. Dimetern verfasst, Antikatakeleus-
mos (1004 f.), Antepirrhema und Antipnigos (1006–1098) an-
schließt.

147 Einer der frühesten Tragödiendichter in Athen (um 500
v. Chr.).

148 In den *Myrmidonen* und der *Niobe* (beide verloren).

149 Liedkomplexe (wörtl. »Ketten, Reihen von Liedern«) umfas-
sen mehrere Strophenpaare und manchmal noch eine Epode
(»Nachgesang«).

150 Aus den *Myrmidonen* (dort auch der Rosshahn in V. 932 und
der Ziegenbockhirsch in V. 937), die während des Trojanischen Krieges spielten (Skamander: Fluss in der Landschaft
um Troja).

151 Im folgenden spricht Euripides wie ein Arzt, der eine Thera-
pie anwendet und macht dabei Wortspiele, die im Deutschen
nicht nachzuahmen sind.

152 Ein Abführmittel.

153 Laut unsicherer Überlieferung ein enger Freund des Euripides, der ihm beim Schreiben seiner Tragödien geholfen haben
soll.

154 Vgl. Anm. 136.

155 Vermutlich eine Anspielung darauf, dass Euripides in den bei-

den letzten Jahren seines Lebens nicht mehr im demokratischen Athen, sondern am Hof des Königs Archelaos von Makedonien lebte.

156 Ringkampfmetapher.

157 D. h. er reitet auf einem Pferd, das an seinem Zaumzeug Glöckchen hängen hat. Mit diesem Dekompositum und weiteren Prägungen solcher Art parodiert Aristophanes aischyleische Wortbildungen. Kyknos und Memnon sind Verbündete der Trojaner in deren Krieg gegen die Griechen.

158 Parteigänger des Theramenes (Anm. 99).

159 Zitat von V. 1 der (verlorenen) *Myrmidonen* des Aischylos.

160 Beiwort des Schildes, den Aias in Homers *Ilias* trägt.

161 Der Kriegsgott.

162 Das zweitälteste der sieben erhaltenen Stücke, aufgeführt 467 v. Chr.

163 Die Thebaner gehörten zu Athens Feinden im Peloponnesischen Krieg.

164 Die Athener, zu denen Aischylos auch Dionysos zählt.

165 Aufgeführt 472 v. Chr., also vor den *Sieben*. Offenbar ist Aristophanes die Abfolge der Argumente wichtiger als die Chronologie.

166 Dem Sieg der Griechen über die Perser im Jahre 480 v. Chr., wovon das Stück handelt.

167 In den *Persern* erscheint der Geist des verstorbenen Perserkönigs Dareios in V. 681 ff. Das Klatschen ist dort Zeichen der Trauer; daher der Klagelaut »iauoi«, der allerdings nicht bei Aischylos steht.

168 Er knüpft unbeirrt an seinen letzten Satz an.

169 Auf die beiden mythischen Dichtergestalten Orpheus und Musaios folgen Hesiod als Verfasser des Lehrgedichts *Werke und Tage* (um 700 v. Chr.) und Homer als Dichter des Heldenepos *Ilias* (8. Jh. v. Chr.).

170 Führender Stratege im Peloponnesischen Krieg, der 414 v. Chr. vor Syrakus fiel.

171 Zwei griechische Helden im Trojanischen Krieg.

172 Protagonistinnen in gleichnamigen Euripides-Tragödien, die beide ihre Männer mit einem anderen betrügen wollen, und nach der Zurückweisung behaupten, die Initiative sei von der anderen Seite ausgegangen (»Potiphar-Motiv«).

173 Es wird vemutlich auf Ereignisse in Euripides' Leben angespielt, die man aufgrund von Szenen in seinen Stücken erfand.

174 Bellerophontes ist ein Held, der von Stheneboia der Attacke
    auf ihre Keuschheit bezichtigt wird.
175 Berge in Griechenland.
176 Vgl. Anm. 137.
177 Vgl. Anm. 7. Vermögende Athener wurden zu Sonderleistun-
    gen – etwa Ausstattung und Unterhalt eines Kriegsschiffes –
    herangezogen.
178 Ware des Fischmarkts konnten sich Arme nicht leisten.
179 Vgl. Anm. 126.
180 Eines der Staatsschiffe Athens.
181 Er spielt der Reihe nach auf die Amme der Phaidra im *Hippo-
    lytos*, Auge in der (verlorenen) *Auge*, Kanake und Makareus
    im (verlorenen) *Aiolos* und auf den (verlorenen) *Polyidos* an.
182 Bei den Fackelläufen während der Panathenäen (Anm. 35) und
    anderer Festspiele.
183 Vgl. Anm. 28.
184 Im Griechischen wie im Deutschen trochäische Dimeter.
185 Der *prólogos* umfasst im griechischen Drama die Szenen vor
    der Parodos, dem Einzug des Chors und dessen erster Darbie-
    tung.
186 Die *Orestie*, eine 458 v. Chr. aufgeführte Tetralogie, umfasst
    die (erhaltene) Trilogie *Agamemnon*, *Choephoren* (*Weihguss-
    spenderinnen*) und *Eumeniden* sowie das (nur fragmentarisch
    überlieferte) Satyrspiel *Proteus*. Da der aristophanische Ais-
    chylos nicht den Anfang des ersten Stückes, sondern des zwei-
    ten zitiert, besteht die Möglichkeit, dass die *Choephoren* zu
    seiner Zeit auch unter dem Titel *Orestie* liefen. Sie dürften auf
    jeden Fall wegen der thematischen Übereinstimmung mit der
    Elektra des Sophokles ein besonders prominentes Stück gewe-
    sen sein.
187 »Des Vaters Macht« umschreibt poetisch »meinen Vater«.
    Agamemnon, der von seiner Frau Klytaimestra ermordet wor-
    den ist, steht unter dem Schutz des Unterweltsgottes Hermes
    (vgl. die nächste Anm.).
188 Als solcher – der Beiname kann nicht zweifelsfrei erklärt wer-
    den – ist er ein Unterweltsgott.
189 Also von Zeus, dem Vater des Hermes. So ist es aber sicherlich
    nicht (vgl. Anm. 187), d.h. auch was Aischylos über »seine«
    Verse sagt, ist nicht ernst zu nehmen.
190 Hermes ist auch ein Dieb, und da Grabräuber Tote bestehlen,
    sind sie Unterweltsräuber, was Hermes folglich ebenfalls

sein muss, und das soll er nun auch noch von Zeus geerbt haben.

191 Er zitiert die beiden ersten Verse seiner (verlorenen) *Antigone*.

192 Einer der Oberbefehlshaber in der Seeschlacht bei den Arginusen (vgl. Anm. 4). Ihnen wurde von der Polis der Prozess gemacht, weil sie angeblich das Ertrinken der Schiffbrüchigen durch mangelnde Hilfeleistung verschuldet hatten, und er wurde zusammen mit sieben anderen Angeklagten hingerichtet.

193 Die griechische Entsprechung *lēkýthion* hat dem im folgenden von Aischylos immer wieder an die Anfänge von Euripides-Versen angefügten Versteil – es ist ein katalektischer trochäischer Dimeter, der im jambischen Trimeter auf die Zäsur nach dem fünften Halbfuß (Penthemimeres) folgt – seinen speziellen Namen gegeben. Hier ist im Original der zweite Trochäus in drei Kürzen aufgelöst, was in der iktierenden deutschen Versübersetzung aber nicht nachgeahmt wurde. Zur vermutlichen Wirkung des Versteils auf die zeitgenössischen Zuschauer vgl. Nachwort S. 105 f.

194 Anfang des (verlorenen) *Archelaos*.

195 Der Thyrsos ist ein mit Efeu umwundener und in einen Pinienzapfen auslaufender Stab, den Dionysos und die Bakchanten tragen.

196 Anfang der (verlorenen) *Hypsipyle*.

197 Anfang der (verlorenen) *Stheneboia*.

198 Anfang des (verlorenen) *Phrixos*.

199 Anfang der *Iphigenie bei den Taurern*.

200 Anfang des (verlorenen) *Meleager*.

201 Anfang der (verlorenen) *Weisen Melanippe*.

202 Metrum in Original und Übersetzung: Glykoneen und Pherekrateen.

203 Aischylos als der Meister in der Tragödie, deren Gott Dionysos ist.

204 Im Deutschen kann das überwiegend daktylische Metrum nicht silbengetreu nachgeahmt werden. Das Lied enthält Verse und Versteile aus verschiedenen Tragödien des Aischylos; der Refrain stammt aus den (verlorenen) *Myrmidonen*.

205 *melissonómoi* (»die, welche die Bienen warten«) nannte man die Priesterinnen der Demeter, Persephone, Rhea und Artemis.

206 Statt »Nieren« erwartet man »Hoden«.

207 Die komplexe metrische Struktur kann im Deutschen nicht nachgeahmt werden. Wieder bekommen wir Versatzstücke aus Aischylos-Tragödien geboten. Mit dem »Refrain« imitiert Euripides komisch die Lyrabegleitung

208 Agamemnon und Menelaos, die beiden griechischen Heerführer im Trojanischen Krieg.

209 Eintönige Arbeitslieder, wie man sie wohl im sumpfigen Marathon (an der Ostküste Attikas) oft hören konnte. Aischylos kämpfte dort 490 v. Chr. in der berühmten Schlacht gegen die Perser mit; der Ort steht also auch für eine längst vergangene Zeit.

210 Vgl. Anm. 147.

211 Ein Tragödiendichter, vielleicht identisch mit einem der Ankläger des Sokrates.

212 Doppeldeutig: 1. Sie steht nicht in der Tradition der lesbischen Lyrik, die Sappho und Alkaios (um 600 v. Chr.) repräsentieren; 2. Sie hat keinen Mann oral-genital befriedigt.

213 Die komplexe metrische Struktur kann im Deutschen nicht nachgeahmt werden. Diesmal sind Versatzstücke aus Chorliedern des Euripides verwendet.

214 Aischylos meint »Versfuß«, macht also auf metrische Fehler aufmerksam. Vielleicht sind auch die Füße der »Muse« gemeint, was Sommerstein z. St. szenisch nachzuvollziehen versucht.

215 Name einer Prostituierten mit großem Angebot an sexuellen Praktiken. Das Wortspiel mit *mélē poieîn* »Lieder dichten / etwas Obszönes mit den Genitalien machen« lässt sich im Deutschen nicht nachahmen.

216 Die komplexe metrische Struktur kann im Deutschen nicht nachgeahmt werden. Wieder enthält das Lied Versatzstücke aus Euripides-Tragödien. Insgesamt ist der Klagegesang der Wollspinnerin, deren Hahn der Nachbarin gestohlen wurde, ganz von dem aristophanischen Aischylos erfunden.

217 Sie galten als gute Bogenschützen. Ida ist ein Gebirge auf Kreta.

218 Kretische Jagdgöttin, die man mit Artemis gleichzusetzen pflegte.

219 Vgl. Anm. 54.

220 Trochäische Dimeter in Original und Übersetzung.

221 Euripides, *Medea* V. 1.

222 Ein Vers aus dem (verlorenen) *Philoktet* des Aischylos.

223 Ein Vers aus der (verlorenen) *Antigone* des Euripides.

224 Ein Vers aus der (verlorenen) *Niobe* des Aischylos.

225 Vermutlich ergänzt Dionysos einen Vers des Euripides, in dem auf »Es warf Achilles« die Bezeichnung für eine Waffe folgte, auf komische Weise.

226 Ein Vers aus dem (verlorenen) *Meleager* des Euripides.

227 Ein Vers aus dem (verlorenen) *Glaukos von Potniai* des Aischylos.

228 Vgl. Anm. 153.

229 Zu ihm vgl. Nachwort S. 106f.

230 So kann man das Wortspiel mit *sophôs / saphôs* wiedergeben.

231 Der überlieferte Text von V. 1437–1465 (vgl. dazu auch Nachwort S. 107) sollte nicht in Frage gestellt werden (vgl. Möllendorff 2002, S. 160f.). Beide Dichter geben im folgenden je einen Rat, der nutzlos ist (1437–1441 bzw. 1458f.) und einen, der realisierbar sein könnte: Euripides empfiehlt in V. 1446–1448 etwas Ähnliches wie der Chor in V. 686ff., Aischylos in V. 1463–1465 eine militärische Strategie, die in den frühen Jahren des Peloponnesischen Krieges angewandt wurde, jetzt aber wohl nicht mehr praktikabel wäre.

232 Vgl. Anm. 35.

233 Griechischer Held im Trojanischen Krieg, der besonders gewitzt ist und deshalb sogar Odysseus überlisten kann.

234 Vgl. Anm. 153.

235 D.h. aller sonstige Reichtum ist verloren, wenn Athen aufgrund von mangelnder Ausstattung seiner Flotte den Krieg verliert.

236 Für die Besoldung der Jury in Schwurgerichtsverfahren brachte Athen sehr viel Geld auf.

237 Vermutlich ein (parodierter?) Euripides-Vers.

238 Zu der Anspielung vgl. Nachwort S. 108.

239 Komische Abwandlung eines Verses aus dem (verlorenen) *Aiolos* des Euripides.

240 Ein Vers aus dem (verlorenen) *Polyidos* des Euripides mit komischer Fortsetzung.

241 Trochäische Dimeter in Original und Übersetzung.

242 Offenbar eine Anspielung darauf, dass Euripides Anregungen für seine Tragödien von Sokrates (469–399 v.Chr.) bezog, der von Aristophanes in den *Wolken* als Prototyp des komischen Professors verspottet wird.

243 Anapästische Dimeter in Original und Übersetzung.

244 Die genannten Politiker werden im folgenden implizit zum Selbstmord aufgefordert.

245 Vgl. Anm. 116.

246 Daktylische Hexameter in Original und Übersetzung.

247 In V. 678 ff. wird Kleophon ja wegen seiner thrakischen Herkunft verspottet.

Literaturhinweise

Bibliographien und Forschungsberichte

Zimmermann, B.: Griechische Komödie. In: Anzeiger für die Altertumswissenschaft 45 (1992) S. 161–184. Ebd. 47 (1994) S. 1–18.

Möllendorff, P. v.: Bibliographische Hinweise. In: P. v. M.: Aristophanes (s. u.). S. 195–217.

Holzberg, N.: Aristophanes. Eine Bibliographie. München 2008 [nur im Internet unter http://www.klassphil.uni-muenchen.de/extras/downloads/index.html].

Ausgaben, Scholien, Kommentare, Übersetzungen

Aristophanis Fabulae recognovit brevique adnotatione critica instruxit N. G. Wilson. 1: Acharnenses Equites Nubes Vespae Pax Aves. 2: Lysistrata Thesmophoriazusae Ranae Ecclesiazusae Plutus. Oxford 2007. (Scriptorum Classicorum Bibliotheca Oxoniensis.)

Poetae Comici Graeci. Hrsg. von R. Kassel und C. Austin. 8 Bde. Berlin / New York 1983 ff. [*Frösche* in dem demnächst erscheinenden Bd. 3.1].

Scholia in Aristophanem. Pars III: Scholia in Thesmophoriazusas; Ranas; Ecclesiazusas et Plutum. Hrsg. von D. Holwerda. Fasc. I^a: Scholia vetera in Aristophanis Ranas. Hrsg. von M. Chantry. Groningen 1999.

Chantry, M.: Scholies anciennes aux *Grenouilles* et au *Ploutos* d'Aristophane. Présentation, traduction et commentaire. Paris 2009.

Ausgewählte Komödien des Aristophanes. Erklärt von T. Kock. 3. Bd.: Die Frösche. Berlin ^{4}1898.

Radermacher, L.: Aristophanes' *Frösche*. Einl., Text und Komm. Mit einem Nachw., Zusätzen aus dem Handexemplar des Verfassers und weiteren Hinweisen besorgt von W. Kraus. Wien ^{3}1967.

Aristofane, Le Rane. A cura di C. Prato. Traduzione di D. Del Corno. Milano 1985. (Scrittori greci e latini.)

Dover, K. J.: Aristophanes, Frogs. Edited with Introduction and Commentary. Oxford 1993.

Antike Komödien. Aristophanes. Hrsg. und mit Einl. und einem Nachw. vers. von H.-J. Newiger. Neubearbeitung der Übers. von L. Seeger und Anm. von H.-J. Newiger und P. Rau. München 1968. [Mehrfach als Taschenbuch nachgedruckt].

The Comedies of Aristophanes. Vol. 9: Frogs. Edited with Translation and Notes by A. H. Sommerstein. Warminster 1996.

Aristophanes. Edited and Translated by J. Henderson. Vol. 4: Frogs. Assemblywomen. Wealth. Cambridge (Mass.) / London 2002. (Loeb Classical Library 180.)

Untersuchungen

Arnott, W. G.: A Lesson from the *Frogs*. In: Greece & Rome 38 (1991) S. 18–23.

Bowie, A. M.: Aristophanes: Myth, Ritual and Comedy. Cambridge 1993.

Dover, K. J.: Aristophanic Comedy. London 1972.

– The Language of Criticism in Aristophanes' *Frogs*. In: B. Zimmermann (Hrsg.): Antike Dramentheorien und ihre Rezeption. Stuttgart 1992. S. 1–13. (Drama 1.)

Erbse, H.: Dionysos' Schiedsspruch in den »Fröschen« des Aristophanes. In: K. Vourveris / A. Skiadas (Hrsg.): ΔΩΡΗΜΑ. Hans Diller zum 70. Geburtstag. Athen 1975. S. 45–60.

Gelzer, T.: Der epirrhematische Agon bei Aristophanes. Untersuchungen zur Struktur der attischen Alten Komödie. München 1960. (Zetemata 23.)

– Aristophanes. In: Realencyclopädie der classischen Altertumswissenschaft Suppl.-Bd. 12 (1971) Sp. 1391–1570. [Wiederabgedruckt u. d. T. Aristophanes der Komiker. Stuttgart 1971.]

Goldhill, S.: Comic Inversion and Inverted Commas: Aristophanes and Parody. In: S. G.: The Poet's Voice: Essays on Poetics and Greek Literature. Cambridge 1991. S. 167–222.

Heath, M.: Political Comedy in Aristophanes. Göttingen 1987. (Hypomnemata 87.)

Heiden, B.: Tragedy and Comedy in the *Frogs* of Aristophanes. In: Ramus 20 (1991) S. 95–111.

Henderson, J.: The Maculate Muse: Obscene Language in Attic Comedy. New York / Oxford ²1991.

Holzberg, N.: Aristophanes. Sex und Spott und Politik. München 2010.

Hose, M.: Drama und Gesellschaft. Studien zur dramatischen Produktion in Athen am Ende des 5. Jahrhunderts. Stuttgart 1995. (Drama Beiheft 3.)

Hubbard, T. K.: The Mask of Comedy: Aristophanes and the Intertextual Parabasis. Ithaka (New York) / London 1991. (Cornell Studies in Classical Philology 51.)

Jedrkiewicz, S.: Do not Sit Near Socrates (Aristophanes' *Frogs*, 1482–1499). In: P. Mitsis / C. Tsagalis (Hrsg.): Allusion, Authority, and Truth: Critical Perspectives on Greek Poetic and Rhetorical Praxis. Berlin / New York 2010. S. 339–358. (Trends in Classics. Suppl. 7.)

Kassel, R.: Zu den ›Fröschen‹ des Aristophanes. In: Rheinisches Museum 137 (1994) S. 33–53.

Kloss, G.: Erscheinungsformen komischen Sprechens bei Aristophanes. Berlin / New York 2001. (Untersuchungen zur antiken Literatur und Geschichte 59.)

Koch, K.-D.: Kritische Idee und Komisches Thema. Untersuchungen zur Dramaturgie und zum Ethos der Aristophanischen Komödie. Bremen 1965.

Lada-Richards, I.: Initiating Dionysus: Ritual and Theatre in Aristophanes' *Frogs*. Oxford 1999.

Littlefield, D.J. (Hrsg.): Twentieth Century Interpretations of the *Frogs*: A Collection of Essays. Englewood Cliffs (New Jersey) 1968.

Lossau, M.: Amphibolisches in Aristophanes' Fröschen. In: Rheinisches Museum 130 (1987) S. 229–247.

– Unsinn oder Hintersinn? Aischyloslieder in Aristophanes' *Fröschen*. In: Rheinisches Museum 139 (1996) S. 6–14.

Möllendorff, P. v.: Grundlagen einer Ästhetik der Alten Komödie. Untersuchungen zu Aristophanes und Michail Bachtin. Tübingen 1995. (Classica Monacensia 9.)

– Αἰσχύλον δ' αἱρήσομαι. Der ›neue Aischylos‹ in den Fröschen des Aristophanes. In: Würzburger Jahrbücher für die Altertumswissenschaft 21 (1996/97) S. 129–151.

– Aristophanes. Hildesheim [u. a.] 2002. (Studienbücher Antike 10.)

Moulton, C.: Aristophanic Poetry. Göttingen 1981. (Hypomnemata 68.)

Newiger, H.-J.: Metapher und Allegorie. Studien zu Aristophanes.

München 1957. (Zetemata 16.) – Nachdr. Stuttgart 2000. (Drama 10.)

– Zum Text der ›Frösche‹ des Aristophanes. In: Hermes 113 (1985) S. 429–448; auch in: H.-J. N.: Theater und Drama. Ausgewählte Schriften zum griechischen Drama. Stuttgart 1996. S. 341–360.

Parker, L. P. E.: The Songs of Aristophanes. Oxford 1997.

Rau, P.: Paratragodia. Untersuchung einer komischen Form des Aristophanes. München 1967. (Zetemata 45.)

Rosen, R. M.: Badness and Intentionality in Aristophanes' *Frogs*. In: I. Sluiter / R. M. R. (Hrsg.): Kakos: Badness and anti-value in Classical Antiquity. Leiden [u. a.] 2008. S. 143–168.

Schmidt, J.-U.: Die Einheit der »Frösche« des Aristophanes – demokratische Erziehung und ›moderne‹ Dichtung in der Kritik. In: Würzburger Jahrbücher für die Altertumswissenschaft 22 (1998) S. 73–100.

Seel, O.: Aristophanes oder Versuch über Komödie. Stuttgart 1960.

Segal, C.: The Character and Cults of Dionysus and the Unity of the *Frogs*. In: Harvard Studies of Classical Philology 65 (1961) S. 209–242.

Sicking, C. M. J.: Aristophanes' Ranae. Assen 1962.

Slater, N. W.: Spectator Politics: Metatheatre and Performance in Aristophanes. Philadelphia 2002.

Snell, B.: Lekythion. In: Hermes 107 (1979) S. 129–133.

Stark, I.: Die hämische Muse. Spott als soziale und mentale Kontrolle in der griechischen Komödie. München 2004. (Zetemata 121.)

Thiercy, P.: Aristophane et l'ancienne comédie. Paris 1999.

Weißenberger, M.: Und Sophokles? Überlegungen zur Konzipierung der *Frösche*. In: Rheinisches Museum 151 (2008) S. 49–60.

Willi, A.: Aischylos als Kriegsprofiteur: Zum Sieg des Aischylos in den ›Fröschen‹ des Aristophanes. In: Hermes 130 (2002) S. 13–27.

– The Language of Aristophanes: Aspects of Linguistic Variation in Classical Attic Greek. Oxford 2003.

Wills, G.: Aeschylus' Victory in the Frogs. In: American Journal of Philology 90 (1969) S. 48–57.

Zimmermann, B.: Untersuchungen zur Form und dramatischen Technik der Aristophanischen Komödien. 3 Bde. Königstein i. Ts. / Frankfurt a. M. 1984–1987. (Beiträge zur klassischen Philologie 154.)

– Die griechische Komödie. Erw. und bearb. Ausgabe. Frankfurt a. M. 2006.

Nachwort

Von den 44 oder 45 Komödien, die der Athener Aristophanes verfasste – über sein Leben (um 445 – nach 385 v. Chr.) wissen wir so gut wie nichts –, sind 11 erhalten. Erstmals auf die Bühne kamen alle außer den *Ekklesiazusen* (ca. 391) und dem *Plutos* (388) während der Zeit des Peloponnesischen Krieges (431–404 v. Chr.), und es sind markante Ereignisse dieses über ein Vierteljahrhundert andauernden Ringens zwischen Athen und Sparta, die für das Verständnis der neun Stücke wichtige Bedeutung haben. Das gilt insbesondere für die *Frösche*. Sie wurden in Athens Dionysostheater an dem Fest der Lenäen zu Beginn des Jahres 405 aufgeführt und somit rund 14 Monate vor der Kapitulation der Athener im Frühjahr 404. Zwar hatten diese im Sommer 406 bei der Inselgruppe der Arginusen unweit von Lesbos in der Ägäis mit ihrer Flotte einen Sieg über die Spartaner errungen, aber der militärische Erfolg war mit 2000 Toten und der Einbuße von 25 Schiffen sehr teuer erkauft worden. So ging Athen erheblich geschwächt im Herbst 405 in die Seeschlacht bei Aigospotamoi an der Ostküste der thrakischen Chersones, wurde geschlagen und sah sich ein halbes Jahr später zur Unterwerfung unter den Willen Spartas gezwungen.

Es ist das Bewusstsein der Athener, dass ihnen die Katastrophe droht, welches in den *Fröschen* zumindest latent immer wieder zum Ausdruck gebracht wird. Die implizite Endzeitstimmung orientiert sich aber weniger an der politisch prekären Lage – sie wird direkt nur je einmal vom Chor in der Mitte des Stücks (V. 686 ff.) und von den handelnden Personen in der vorletzten Szene angesprochen (V. 1435 ff.) – als an einer Art »Krisensituation«, zu der es nicht lange vor der Darbietung der *Frösche* im kulturellen Leben Athens kam: 407/6 waren der Tragödiendichter Euripides und nicht lange nach ihm sein Kollege Sophokles gestorben, und damit hatte die Polis zwei führende Repräsentanten eines poetischen Genres verloren, das zur Artikulation des athenischen Selbstverständnisses in der Öffentlichkeit wesentlich beitrug. Und von diesem Verlust nimmt die Komödie ihren Ausgang: Der Theatergott Dionysos befindet sich in der Eröffnungsszene auf dem Weg in die Unterwelt, aus der er den von ihm über alles geliebten Tragiker Euripides nach Athen zurückholen möchte.

Was der Gott da vorhat, basiert auf einer komischen, in der Wirklichkeit nicht realisierbaren Idee, wie sie für die Konstitution der Handlung in einer Aristophanes-Komödie charakteristisch ist. Im ersten der erhaltenen Stücke, den *Acharnern* von 425 v. Chr., entwickelt zu Anfang des Bühnengeschehens der Protagonist, ein Bauer namens Dikaiopolis, den Gedanken, in Reaktion auf die mangelnde Bereitschaft der Athener zum Frieden einen solchen privat mit den Spartanern zu schließen. Er stößt damit zunächst auf Ablehnung bei alten Männern aus dem Gau Acharnai – sie bilden den Chor, der zu jeder Aristophanes-Komödie gehört –, es gelingt ihm aber, sie in einer Streitszene für sich zu gewinnen, und nachdem der Chor in der Parabase (von *parabaínein* »daneben treten«) seine dramatische Rolle vorübergehend aufgegeben und direkt zu den Zuschauern geredet hat, erleben wir in einer locker verknüpften Reihe höchst amüsanter Episoden, wie Dikaiopolis die Segnungen seines Privatfriedens genießt und im Finale, der Exodos (»Auszug«), über seinen Antipoden, den Strategen Lamachos, triumphiert sowie seinen Sieg mit Wein, Weib und Gesang feiert.

An einer solchen dramatischen Struktur, die sich von derjenigen der Komödie vom Hellenismus bis in unsere Zeit erheblich unterscheidet, sind nun gleichfalls die *Frösche* orientiert, aber es gibt darin signifikante Abweichungen vom herkömmlichen Schema. Zwar sind alle Bauelemente vorhanden; wir haben auch hier die Parabase in der Mitte (V. 674–737), es finden mehrere Streitgespräche statt, darunter eines, das eine von der Tradition vorgegebene Gliederung aufweist und von den Gelehrten »epirrhematischer Agon« (von *epírrhēma* »Dazugesprochenes« und *agón* »Wettkampf«) genannt wird (V. 895–1098), witzige Szenen folgen aufeinander und der »Auszug« im Finale ist mit einem Triumph verbunden. Aber die beiden Hauptabschnitte vor und nach der Parabase, wie wir sie von den *Acharnern* an in allen Stücken bis zu den *Fröschen* haben, sind in dieser Komödie vertauscht: Gestritten wird erst in der zweiten Hälfte – dort sehen wir den Kampf der beiden Tragödiendichter Aischylos und Euripides um den ersten Rang in ihrer Kunst (der übrigens den Wettbewerb evoziert, an dem die Dramatiker in Athen regelmäßig mit ihren Stücken teilnahmen) –, während wir über die herkömmliche Episodensequenz bereits von Vers 1 an und dann bis zur Parabase lachen dürfen.

Auch durch die Konzeption dieser Serie von Auftritten wird das von früheren Stücken Vertraute variiert. Denn die einzelnen Szenen sind entgegen der bisherigen Praxis nicht einfach locker aneinandergereiht, sondern insofern eng verklammert, als sie Stationen einer Reise darstellen. Dionysos und sein Sklave Xanthias unternehmen eine solche zunächst in Richtung Hades und nach der Ankunft dort noch bis zum Palast des Hadesherrschers Pluton, in den die beiden Unterweltsfahrer sich unmittelbar vor der Parabase begeben. Durch die erste Hälfte der *Frösche* werden also berühmte Besuche im Reich der Toten wie diejenige des Aeneas in Vergils *Aeneis* und diejenige Dantes in der *Göttlichen Komödie* gewissermaßen vorweggenommen, und das gilt ebenso für Reisen in komisch-realistischen Romanen: Am Anfang stehen für uns Petrons *Satyrica*, in denen Enkolp und der von ihm geliebte Knabe Giton von Ort zu Ort ziehen, und besonders nahe verwandt erscheinen Miguel Cervantes' *Don Quixote*, wo wie in den *Fröschen* ein komischer Held und sein nicht weniger komischer Diener die Lande durchstreifen und, eindeutig von dem spanischen Roman beeinflusst, Henry Fieldings *Tom Jones* mit dem Herr-Diener-Paar Jones und Partridge.

Moderne Betrachter der Szenenfolge mit Dionysos und Xanthias können sich ohne weiteres über das hier Dargebotene amüsieren, weil die Motive mit denen des Slapstick eng verwandt sind. Aber wenn nun der Protagonist dadurch komisch wirkt, dass er ein zwar zu seiner Katabasis (»Abstieg«), aber ganz und gar nicht zu ihm passendes Kostüm trägt, nämlich das des Hadesfahrers Herakles, wenn er mehrfach verulkt wird – u. a. von Herakles, bei dem Dionysos sich Rat für seine Reise holt, und von dem (Neben-)Chor der Frösche im Acheron –, und wenn er sich aus Angst vor einem Unterweltmonster in die Hosen macht, ja sogar verprügelt wird, mag uns das, soweit wir von christlichem Denken geprägt sind, ein wenig irritieren. Denn Dionysos ist immerhin ein Gott, und da mag es wie Blasphemie erscheinen, wenn Aristophanes ihn in so extrem lächerliche Situationen geraten lässt. Geradezu schockieren könnte – zumindest auf den ersten Blick – die Szene, in welcher der Gott aus Angst vor Empusa über die Spielfläche zur vordersten Reihe der Zuschauersitze flüchtet, vor dem Oberpriester seines Kultes, der dort auf einem Ehrenplatz thront, niederkniet und diesen bittet, ihn zu beschützen. Aber kann man tatsächlich von Blasphemie sprechen? Schwerlich. Wohl eher präsentiert sich ein unbefangenes, gewissermaßen familiäres Verhältnis zur divinen Sphäre, wie es auch für die erstmals im Mittelalter auftauchenden Geschichten von Gottvater und Petrus, die inkognito auf Erden reisen, kennzeichnend ist.

Der Szene mit Dionysos und seinem Priester ist hinsichtlich des unbekümmerten Umgangs mit überkommenen Erzählungen von Wesen und Verhalten einer Gottheit die Szene auf einem Gemälde verwandt, das sich in der Trierer Jesuiten-Apotheke befindet (und von dem es wohl mehrere Varianten an verschiedenen deutschen Orten gibt bzw. gab). Das Bild des »Pater Apotheker« von ca. 1710 zeigt, wie Abraham seinen auf einem Holzstoß sitzenden Sohn Isaak erschießen will und ein Engel ihn daran hindert, indem er dem Erzvater auf sein Gewehr uriniert; darunter liest man: »Abraham Du druckst umsunst, Ein Engel Dir aufs Zündloch brunst.« Hier scheint Aristophanes, bei dem ja Fäkalisches ebenso wie Obszönes eine nicht unbeträchtliche Rolle spielt – letzteres ist allerdings in den *Fröschen* auf ein (wohl durch das Thema bedingtes) Minimum reduziert –, besonders nahe. Freilich ist diese derbe Art von Komik in dem Stück von 405 v. Chr. im wesentlichen auf den Abschnitt vor der Parabase beschränkt. An die Stelle des darin dominierenden zeitlosen Witzes tritt im zweiten Hauptteil die Komik der Literaturparodie, die voll und ganz nur zu würdigen weiß, wer sich einigermaßen in der Welt der griechischen Tragödie auskennt.

Voraussetzung für das nunmehr veranstaltete »Fest der Intertextualität« ist, dass nach dem Eintreffen des Dionysos im Palast Plutons zwischen dem älteren Tragödiendichter Aischylos (525/24–456/55 v. Chr.) und seinem jüngeren Kollegen Euripides (485/80–407/6) ein Streit ausbricht: Im Hades gilt nämlich, dass derjenige unter den Toten, der in einer Kunst alle überbietet, die sie gleichfalls ausüben, auf einem Stuhl neben Pluton sitzen darf. Dort fand Euripides bei seiner Ankunft Aischylos vor, verlangte aber nun den Rang des besten Tragikers für sich, und daher kommt es zu einem Wettkampf zwischen den beiden Poeten, bei dem Dionysos als der für die dramatische Gattung zuständige Gott das Amt des Schiedsrichters innehat. Wie Sportler bei den Olympischen Spielen messen die Kontrahenten sich in mehreren Disziplinen: Zunächst streiten sie sich über das von der tragischen Bühne zu vermittelnde Ethos und die damit verbundene Sprache (V. 895–1098), dann halten sie ihre Prologe gegeneinander (V. 1119–1250), danach ihre jeweilige lyrische Produktion (V. 1261–1369), worauf sie das Gewicht ihrer Verse von einer Waage bestimmen lassen (V. 1364–1410) und schließ-

lich dem Stadtstaat Athen in dessen momentaner Notsituation jeder auf seine Weise politischen Rat spenden
(V. 1420–1465).

Relativ leicht ist die erste der fünf Runden für einen heutigen Leser zu verstehen, da hier ausgiebig erörtert wird,
inwieweit »die Schaubühne als moralische Anstalt« (Schil-
ler) fungieren sollte. Dafür tritt der konservative, in seine
Stücke viel Pathos und Heldentum des homerischen Epos
legende Aischylos ein, während sein Konkurrent sich etwas darauf zugutehält, dass er gerne Menschen aus dem
Bereich der Alltagserfahrung seines Publikums agieren
lässt; Euripides gilt in der Tat als derjenige unter den drei
klassischen Tragikern – der dritte ist bekanntlich Sophokles –, der als erster den Weg zum bürgerlichen Trauerspiel
bahnte. Außer Teil 1 des Wettbewerbs ist auch der vorletz-
te nicht schwer verständlich. Denn er bezieht seine Komik
daraus, dass die Metapher von der »gewichtigen Aussage«,
die die griechische Sprache ebenso kennt wie unsere, witzig beim Wort genommen wird; damit ist vorübergehend
die Slapstick-Atmosphäre des ersten Hauptabschnitts wiederhergestellt.

Umso schwerer dürfte denjenigen, die wenig oder gar
nichts von den Originaltexten der griechischen Tragödie
wissen, die adäquate Würdigung der beiden Episoden fallen, in denen die Prologe und die szenische Lyrik des Aischylos und des Euripides auf dem Prüfstand stehen. Denn
in ihnen ist Fragen des Versbaus eine beherrschende Rolle
zugewiesen. So macht sich Aischylos z. B. darüber lustig,
dass der jambische Trimeter, also der Sprechvers des attischen Dramas, bei Euripides in den ersten Versen von dessen Stücken sehr häufig eine Zäsur (»Einschnitt«) im dritten Jambus aufweist und Spötter so dazu einladen kann,
den Vers anders zu Ende zu dichten, als er im Text zu lesen
ist. Aus dem Anfang von Euripides' *Iphigenie bei den Tau-
riern* (ich übersetze metrisch),

> *Der Tantalide Pelops, der nach Pisa kam*
> *mit schnellen Rossen, nahm zur Frau Hippodame,*

macht Aischylos folgendes:

> *Der Tantalide Pelops, der nach Pisa kam*
> *mit schnellen Rossen, ward sein Salbölfläschchen los.*

Das erinnert an Pennälerspäße aus den Zeiten, in denen im Deutschunterricht noch sehr viel auswendig gelernt werden musste und dabei Klassikerverse nach richtigem Anfang komisch weitergedichtet wurden, etwa der Anfang von Schillers *Ring des Polykrates.* Aus

> *Er stand auf seines Daches Zinnen,*
> *er schaute mit vergnügten Sinnen*
> *auf das beherrschte Samos hin.*
> *»Dies alles ist mir viel zu wenig«,*
> *begann er zu Ägyptens König,*
> *»gestehe, dass ich glücklich bin!«*

wurde:

> *Er stand auf seines Daches Zinnen,*
> *er schaute mit vergnügten Sinnen*
> *auf zehn belegte Brötchen hin.*
> *»Dies alles ist mir viel zu wenig«,*
> *begann er zu Ägyptens König,*
> *»gesteh, dass ich ein Vielfraß bin!«*

In der aristophanischen Variante dieses »Ergänzungsspiels« kam höchstwahrscheinlich ein Element hinzu, das einstige Gymnasiasten eher vermieden: die obszöne Konnotation. Denn es spricht alles dafür, dass das griechische Wort für »Salbölfläschchen«, *lēkýthion*, das Aischylos in den Euripides-Vers einfügt, für das männliche Glied ver-

wendet werden konnte, und so dürften die Zuschauer im
Dionysostheater folgendes (mit-)gehört haben:

> *Der Tantalide Pelops, der nach Pisa kam*
> *mit schnellen Rossen, wurde seinen Pimmel los.*

Wenn man das so erklärt, kann das noch im 21. Jahrhun-
dert jeder nachvollziehen, der nur ein bisschen über Met-
rik Bescheid weiß. Aber was ist, wenn die *Frösche* auf einer
modernen Bühne dargeboten werden?

Diese Frage stellt sich auch und gerade bei den politischen Anspielungen der Aristophanes-Komödien. Heutige
Regisseure lassen sie oft einfach weg oder ersetzen sie
durch Bezugnahme auf Ereignisse, die während der Zeit
der von ihnen inszenierten Aufführung aktuell sind. Doch
die *Frösche* evozieren, wie ich zu zeigen versucht habe,
Athen zu Anfang des Jahres 405 v. Chr., und das nicht allein im Hinblick auf das kulturelle Leben des Stadtstaates,
sondern ebenso auf die politische Notsituation, in der er
sich befindet. Und wenn nun Euripides und Aischylos sich
im Wettbewerb zu dem Problem äußern, wie Athen von
seinen Schwierigkeiten befreit werden könnte, geschieht
das in einer fest in die Handlungsstruktur integrierten Szene. Man kann also die Person des Alkibiades, um die es erst
einmal geht (V. 1422 ff.), nicht einfach herausstreichen, nur
weil die Bekanntschaft mit ihr beim heutigen Bildungsbür-
gertum nicht mehr ohne weiteres vorausgesetzt werden
kann. Der Mann war einer der prominentesten Staatsmän-
ner im Peloponnesischen Krieg: Er hatte zehn Jahre vor
der Aufführung der *Frösche* die Mehrheit der athenischen
Volksversammlung dafür gewonnen, eine militärische Ex-
pedition nach Sizilien zu unternehmen, war zu einem der
kommandierenden Feldherren gewählt worden, wurde
aber dann während der Fahrt der Flotte wegen eines ihm
zur Last gelegten Religionsfrevels festgenommen, konnte
aus der Haft entfliehen und zu den Spartanern überlaufen.

408 v. Chr. kehrte er nach Athen zurück, wurde jetzt sogar zum Oberbefehlshaber aller Streitkräfte ernannt, aber dann, als 407 die Seeschlacht bei Notion verloren worden war, seines Amtes enthoben, obwohl er nicht das Kommando über die athenische Flotte innegehabt hatte, worauf er ins Exil ging; er starb 404.

All das und mehr hatte das zeitgenössische Publikum im Hinterkopf, während es zuhörte, wie Euripides und Aischylos jeweils ihre »Gutachten« abgaben. Wir dagegen können dieses und anderes nur würdigen, wenn wir uns gezielt informieren; das Nötigste liefern die Anmerkungen zur vorliegenden Übertragung. Aber das ständige Rekurrieren auf gelehrte Kommentierung beeinträchtigt natürlich den Kunstgenuss. In größte Schwierigkeiten gerät man bei der Lektüre der auf den Alkibiades-Abschnitt folgenden Passage (V. 1435 ff.), wenn man nun auch noch von den Philologen erfährt, dass die handschriftliche Überlieferung hier problematisch sei: Sie repräsentiere weder die ursprüngliche Anordnung der Verse, noch stammten diese alle aus der Urfassung des Textes, sondern seien teilweise für eine zweite Aufführung des Stückes – dazu gleich mehr – durch andere ersetzt worden, die aber nun neben den alten Versen stünden. Wie soll ein Laie sich da noch zurechtfinden? Nun, da die Textkritiker die Notwendigkeit für ihre Umstellungen und Streichungen, mit denen sie das Problem zu lösen versuchen, nicht absolut zwingend begründen können, fährt man vielleicht am besten damit, wenn man alles in der überlieferten Form belässt und den Text dann so liest, wie er dasteht. Denn eines muss man sich denn doch klar machen: Sogar die Fachgelehrten wissen letztlich nicht genug über die historischen Hintergründe dessen, was Aischylos und Euripides über die »Rettung des Staates« sagen, so dass ihr Interpretieren stets viel Spekulation ins Spiel bringen muss. Außerdem haben wir nun einmal eine Komödie vor uns, und mögen die Äußerungen der beiden Tragiker noch so viel politische Relevanz ha-

ben, Aischylos und Euripides sind auch in dieser Szene komische Figuren, und deshalb scheint es sinnvoll, das nicht
zu tun, wozu Philologen in der Regel neigen: den Text all-
zu ernst zu nehmen.

Wer Euripides und Aischylos selbst dann, wenn sie sich
in der Rolle von Staatsdenkern zu Wort melden, primär als
Slapstick-Gestalten begreift – und ich meine, man darf das
–, wird den auf uns gekommenen Wortlaut des Textes einfach als Spaß auffassen und braucht dann gar keine philolo-
gische und althistorische Spezialanalyse. Für diese Textauf-
fassung spricht überdies, dass die Entscheidung, die Dionysos am Ende des Dichterwettkampfes fällt, sicherlich
nicht ernst genommen werden kann. Ganz gleich, wie das,
was Euripides und Aischylos ihrer Vaterstadt in deren Kri-
se empfehlen, im Detail zu deuten ist – aus dem Text geht
klar hervor, dass der Schiedsrichter keine von den Aussa-
gen der beiden für besonders großartig hält. Somit ist eine
Pattsituation entstanden. Da Dionysos aber ja in die Unterwelt abgestiegen war, um seinen Lieblingstragiker Euripides nach Athen zurückzuholen, darf man nun erwarten,
dass er, nachdem weder der eine noch der andere eindeutig
den Sieg davongetragen hat, Euripides wählt. Was aber geschieht? Als der bisherige Favorit des Weingottes diesen an
dessen Schwur erinnert, er werde ihn heimführen, assozi-
iert Dionysos einen Euripides-Vers, in dem der Protagonist
einer Tragödie spitzfindig sagt (*Hippolytos* 612):

> *Die Zunge schwor, doch*
> *unter Eid steht nicht mein Herz.*

Und daraus macht nun der Herr Schiedsrichter (V. 1471):

> *Die Zunge schwor, ich aber wähle Aischylos.*

Geht es noch alberner? Das ist mit seiner totalen Irrationa-
lität und mit der entwaffnenden Frechheit, die einen Vers

des Lieblingstragikers gegen diesen selbst ausspielt, einfach nur witzig und möchte offenbar nicht mehr sein. Es erscheint natürlich möglich, ja man darf sogar vermuten, dass nicht alle zeitgenössischen Zuschauer über die Entscheidung des Dionysos lediglich lachten, sondern in der Wahl des konservativen Aischylos einen zu beherzigenden Appell an sie als Staatsbürger sahen: Athen solle sich in seiner verzweifelten Lage auf seine alten Werte besinnen. Und es ist auch nicht undenkbar, dass zutrifft, was die antike Prosainhaltsangabe der *Frösche* behauptet: Das Stück sei, weil man es wegen seiner Parabase bewundert habe – darin richtet der Chor eine Mahnung an die Athener (V. 686 ff.), die, wer will, selbstverständlich ernst nehmen darf –, ein zweites Mal aufgeführt worden (was, wenn das stimmt, 404 erfolgt sein müsste). Auf jeden Fall authentisch dürfte die Nachricht sein, dass Aristophanes mit den *Fröschen* im Komödienwettbewerb der Lenäen des Jahres 405 den ersten Preis errang, aber ich kann nicht recht daran glauben, dass man die Komödie deshalb so schätzte, weil man sie primär als politisches Drama begriff. Nein, sie ist in erster Linie ein ausgesprochen ideenreiches, höchst amüsantes Stück und hat ihre Auszeichnung schon von daher verdient.

Einen einigermaßen authentischen Eindruck von den Qualitäten einer solchen Komödie kann eine Prosaübertragung besser vermitteln als eine durchgehend metrische Wiedergabe, wie sie etwa Ludwig Seeger in seinem längst klassisch gewordenen Aristophanes von 1848 bietet. Ich habe mich bei meiner Verdeutschung an die Prinzipien gehalten, die im Nachwort zu meiner Reclam-Edition der *Lysistrate* (UB 18664) dargelegt sind; das Wichtigste sei erneut gesagt: Zunächst einmal stütze ich mich auf Textarbeit, welche mehrere Kommentatoren geleistet haben, in diesem Fall außer Theodor Kock (⁴1898), Ludwig Radermacher (³1967) und Kenneth Dover (1993) in ihren Erläuterungswerken Alan Sommerstein in seiner ausgiebig glossierten Bilingue (1996), auf deren griechischem Text meine Übersetzung fußt und der ich besonders viel verdanke. Wie Sommerstein habe ich auch diesmal die Sprechverse des Originals in Prosa wiedergegeben, freilich mit Ausnahme derjenigen, die aus Tragödien des Aischylos und Euripides wörtlich zitiert werden oder die Diktion dieser Dichter parodieren. Denn nur durch eine metrische Verdeutschung dieser Verse wird der Kontrast der pathetischen Diktion des tragischen zu der des komischen Dramas nachvollziehbar.

Anders als Sommerstein habe ich wieder die Chorlieder und die Rezitative des Chorführers metrisch übertragen; dabei hielt ich mich wie in meiner *Lysistrate* nicht streng an die Prosodien des Originals. Gewiss, in den Fällen, wo das von Aristophanes verwendete Metrum Eingang in klassische deutsche Poesie gefunden hat, also bei daktylischen, anapästischen, trochäischen und jambischen Versen sowie Glykoneen/Pherekrateen bemühte ich mich im Rahmen der Möglichkeiten, die unsere Sprache gibt, um Originaltreue. Aber bei den Liedern mit komplizierten Versmaßen begnügte ich mich mit einer rhythmisierten und im Stil an die Vorlage angelehnten Wiedergabe. Und wie im Nachwort zur *Lysistrate* möchte ich eines betonen: Bei der Übertragung von Sprechversen ebenso wie von Chorpartien war Treue gegenüber dem Urtext für mich oberstes Gebot. Was am Ende bei meinen Bemühungen herausgekommen ist, wurde durch nützliche Hinweise Regina Hösceles, Stefan Merkles und Margot Negers erheblich bereichert. Daher möchte ich mich bei den drei Freunden an dieser Stelle sehr herzlich bedanken.

München, im Juli 2011   Niklas Holzberg

Inhalt